HAUSGEMACHTE LOW CARB SUPPEN KOCHBUCH

Fettverbrennende & köstliche Suppen, Eintöpfe, Brühen & Brote.

Low Carb Komfortmahlzeiten für die Seele.

Elizabeth Jane

EINLEITUNG

Ich habe dieses Buch in der Hoffnung geschrieben, Sie zu inspirieren, Suppen zu einem Grundnahrungsmittel in Ihrer kohlenhydratarmen Ernährung zu machen und die Einfachheit der Zubereitung zu genießen. Seit ich meine Low-Carb-Reise begonnen habe, habe ich gelernt, Suppen zu lieben, da sie etwas sind, das ich in meinem Schnellkochtopf oder Schongarer schnell zusammenwerfen und viele nahrhafte Zutaten in einem einzigen Rezept verpacken kann. Ich liebe auch die Vielseitigkeit der Zubereitung von Suppen, die ich in diesem Buch zu bieten versucht habe. Ich wollte so viele verschiedene Ernährungsbedürfnisse wie möglich befriedigen, indem ich 100% glutenfreie Rezepte sowie einige vegetarische und fleischbasierte Optionen kreiert habe.

Sie finden auch hausgemachte Brühen und eine große Auswahl an verschiedenen Suppenoptionen, um den Geschmacksvorlieben aller gerecht zu werden. Hier finden Sie alles von cremigen Suppen, sämigen Suppen, Chilis, hausgemachten Brühen bis hin zu einigen reinigenden kalten Suppenoptionen für diejenigen, die nach leichteren und erfrischenderen Suppenoptionen suchen.

Ich hoffe, dass Sie sich von diesem Buch inspirieren lassen und davon profitieren, wie einfach und lecker die Zubereitung von hausgemachten Suppen sein kann. Ich hoffe außerdem, dass Sie ein Rezept für jede Jahreszeit finden, denn Suppe kann man nicht nur in den kälteren Monaten essen! Suppen das ganze Jahr über zu einem regelmäßigen Bestandteil Ihrer kohlenhydratarmen Ernährung zu machen, ist eine ausgezeichnete Möglichkeit, die allgemeine Gesundheit zu unterstützen und die Zubereitung von Mahlzeiten so viel einfacher zu machen.

INHALTSVERZEICHNIS

N = <30% Kalorien aus Fetten,
M = 30%-59% Kalorien aus,
H = >60% Kalorien aus

Vegetarische Suppen

Cremige Suppen

N = <30% Kalorien aus Fetten,
M = 30%-59% Kalorien aus,
H = >60% Kalorien aus

Würzige Suppen

Kalte Suppen

Schnelle & einfache Suppen - 5 oder weniger Zutaten

N = <30% Kalorien aus Fetten,
M = 30%-59% Kalorien aus,
H = >60% Kalorien aus

Vegetarische Komfort-Eintöpfe

Fleischbasierte Komfort-Eintöpfe

Beilagen

N = <30% Kalorien aus Fetten,
M = 30%-59% Kalorien aus,
H = >60% Kalorien aus

Cremige Suppen, sämige Suppen und Brühen

Suppenbrote

Suppengewürze & Toppings

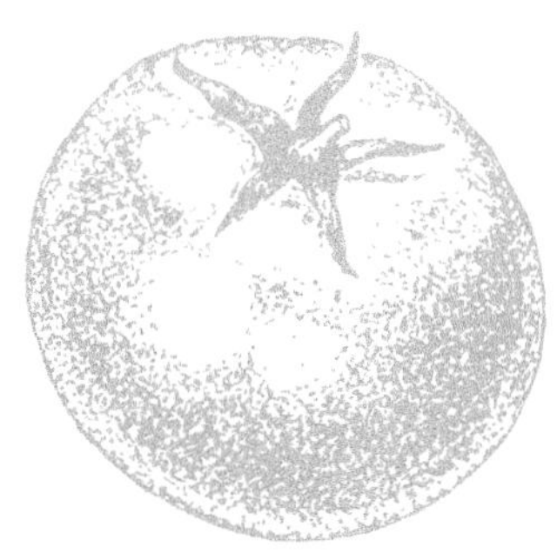

N = <30% Kalorien aus Fetten,
M = 30%-59% Kalorien aus,
H = >60% Kalorien aus

DIE PERFEKTE SUPPE

Ich möchte beginnen, indem ich darüber spreche, wie man perfekte Suppen und Brühen zubereitet. Dies ist ein allgemeiner Leitfaden zum Mischen von Zutaten für den perfekten Geschmack, zum Kochen die Kochdauer und einige allgemeine Tipps, die ich dabei als hilfreich empfunden habe.

Die besten Geschmackskombinationen für Suppen

Abhängig davon, für welche Art von Suppe Sie sich entscheiden, habe ich mir einen Führer mit einigen meiner persönlichen Lieblings-Geschmackskombinationen ausgedacht. Diese Gewürze neigen dazu, gut zusammenzupassen und ergeben eine sehr geschmackvolle Suppe.

Karotten + Ingwer + Kurkuma

Avocado + Koriander + Limette + Meersalz

Walnüsse + Käse + Muskatnuss

Knoblauch + Tomate + Zwiebel

Gurken + frische Kräuter

Cayennepfeffer + Zimt

Mozzarella-Käse + Tomate + Basilikum

Kürbis + Butter + Knochenbrühe + Salbei

Zitrone + Huhn + Fenchel

Pinienkerne + Basilikum + Feta-Käse

Fisch + Zitrone + Fenchel

Müssen Sie Rinderhackfleisch braten, bevor Sie es in Ihren Schongarer geben?

Um etwas Zeit und Abwasch zu sparen, versuchen Sie, mageres Hackfleisch in Ihrem Rezept zu verwenden, um zu vermeiden, dass Sie das Rindfleisch braten müssen, bevor Sie es in Ihren Schongarer geben . Wenn Sie kein mageres Rinderhackfleisch finden, braten Sie es an und schütten das Fett ab, bevor Sie es in den Schongarer geben.

Wie man eine cremige Suppe zubereitet

Viele der Suppen in diesem Buch enthalten Crème Double oder Kokosmilch für die vegetarische Version. Um eine köstliche cremige Suppe zuzubereiten, sollten Sie die Crème hinzufügen, nachdem die Suppe fertig gekocht wurde, und die Crème unbedingt zuerst erwärmen. Kalte Sahne wird gerinnen, wenn sie in eine heiße Suppe gegeben wird.

Die perfekte Suppe und Brühe kochen

Sobald Sie Ihre Suppe zum Kochen bringen, sollten Sie sie auf ein Sieden reduzieren. Das Kochen der Suppe für die gesamte Garzeit wird das Gemüse matschig machen!

Allgemeine Tricks zum Kochen von Suppen und Eintöpfen

- Verdoppeln oder verdreifachen Sie Ihre Rezepte, um sie für den späteren Verzehr einzufrieren.
- Teilen Sie die Suppe in einzelne Portionen, bevor Sie sie einfrieren, um sie herauszunehmen, und genießen Sie sie als schnelle Mahlzeit, wenn Sie keine Zeit haben, etwas zu kochen oder vorzubereiten.
- Zerkleinern Sie das Gemüse in mundgerechte Stücke. Sie wollen keine großen Stücke auf jedem Löffel,
- Würzen Sie ihre Suppe oder Brühe nach dem Kochen, damit Sie den Geschmack entsprechend anpassen können.
- Verwenden Sie bei Bedarf einen Pürierstab, wenn Sie eine cremige Suppe wollen. Sie können alle Zutaten zusammen kochen und dann nach dem Kochen pürieren.

Tipps zum Ersetzen von Gemüse

Viele Gemüse sind Geschmackssache, sie können aber leicht gegen eine andere Sorte ausgetauscht werden.

Sie mögen keinen Grünkohl? Versuchen Sie, ihn durch Spinat zu ersetzen (besser normaler Spinat als Babyspinat); Mangold kann auch funktionieren.

Gemüse wie Grünkohl kann lange Garzeiten verkraften; Spinat und Mangold sollten direkt vor dem Servieren in den letzten Minuten der Garzeit hinzugefügt werden

WIE MAN SUPPEN IN EINEM SCHNELLKOCHTOPF ODER SCHONGARER ZUBEREITET

Ich wollte kurz auf die Zubereitung von Suppen in einem Schnellkochtopf oder einem Schongarer eingehen, um Ihnen diese Möglichkeiten zu geben. Jedes der Rezepte kann je nach Wunsch in einem der beiden Geräte zubereitet werden. Sie können auch Ihre Suppen oder Eintöpfe darin kochen. An Tagen, an denen ich etwas mehr Zeit habe, koche ich meine Suppen auf dem Herd. An Tagen, an denen meine Zeit begrenzt ist, verwende ich jedoch meinen Schnellkochtopf oder Schongarer. Es kommt alles auf die Vorliebe an, und ich finde es immer besser, Optionen zu haben.

Eine allgemeine Anleitung zur Verwendung eines Schnellkochtopfes bei der Zubereitung von Suppen

Der Schnellkochtopf hat eine Suppeneinstellung, was die Sache einfach macht. Sie können Ihre Suppe zwischen 20 Minuten und 50 Minuten kochen. Es gibt auch eine Fleisch- oder Eintopfeinstellung, die Ihr Fleisch direkt vom Knochen fallen lässt. Die Bedienung ist sehr einfach!

Ich benutze den Schnellkochtopf gerne, wenn ich fleischbasierte Suppen und Eintöpfe koche, da er das Fleisch extrem zart macht und die Aromen gut zusammenbringt.

Eine allgemeine Anleitung zur Verwendung eines Schongarers bei der Zubereitung von Suppen

Sie können auch einen Schongarer verwenden, um Ihre Suppen oder Eintöpfe zu kochen. Tatsächlich wird in vielen der Rezepte in diesem Buch empfohlen, dass Sie Ihre Suppe in einem Schongarer kochen. Wenn Sie einen Schnellkochtopf haben, können Sie auch seine Schongar-Einstellung verwenden.

In der Regel können Sie alle Zutaten in den Schongarer werfen (außer Sahne oder andere Milchprodukte) und sie 3 bis 4 Stunden auf High oder 6 bis 8 Stunden auf Low kochen. Wenn Sie Crème Double, Frischkäse, Sauerrahm oder ein anderes Milchprodukt hinzufügen, können Sie dies am Ende tun. Allerdings sollten Sie Milch und Schlagsahne immer aufwärmen, bevor Sie sie in eine heiße Suppe geben.

Gewichte:

Im gesamten Buch haben wir einheitliche Gewichte für Zutaten verwendet, aber Sie können sich schwer tun, das gleiche Gewicht zu finden, z.B. könnte es für Sie schwierig sein, eine Hühnerbrust von genau 110g zu finden.

Ich möchte Sie ermutigen, Rezepte nicht zu verkomplizieren und "durchschnittliche Stücke" solcher Zutaten zu kaufen, anstatt bestimmte Stücke. Als Referenz dienen die Gewichte, die wir im Laufe des Buches ständig verwenden:

Hühnerbrust (ohne Knochen): 110g

Karotten: 60g

Zwiebeln: 210g

Avocado: 160g

Gurke: 310g

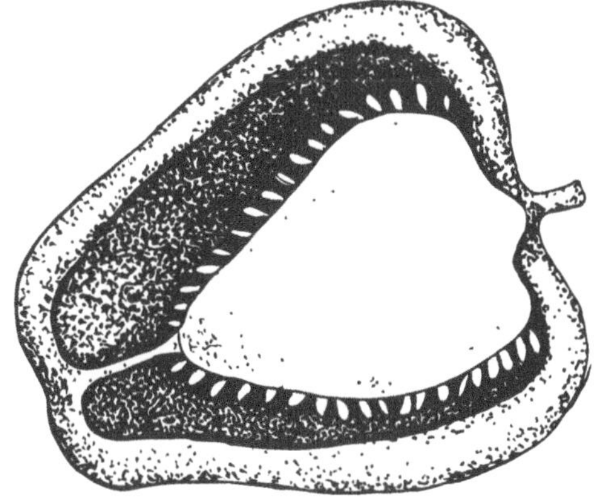

WIE MAN SUPPEN AM BESTEN AUFBEWAHRT

Das Kochen von Suppen und Eintöpfen in Chargen ist eine ausgezeichnete Möglichkeit, um Zeit und Energie während einer arbeitsreichen Woche zu sparen. Sie können die Rezepte einfach verdoppeln oder verdreifachen und einzelne Portionen für die spätere Verwendung einfrieren.

Ich friere gerne einzelne Suppenportionen in Silikon-Gefrierschalen ein und beschrifte sie dann im Gefrierschrank. Das macht es super einfach, einzelne Portionen herauszuholen und für eine schnelle und nahrhafte Mahlzeit wieder aufzuwärmen.

Es ist am besten, jede Suppe einzufrieren, die Sie innerhalb weniger Tage nicht genießen werden. Wenn es Zeit zum Aufwärmen ist, können Sie die Suppe bei geringer bis mittlerer Hitze in einen Kochtopf geben, bis sie aufgetaut und erwärmt ist.

Sie können auch eine große Charge hausgemachter Brühe machen und sie auf die gleiche Weise einfrieren. Wenn Sie bereit sind, Ihre selbstgemachte Suppe zuzubereiten, können Sie die Brühe aus den Silikonschalen herausnehmen und auf dem Herd auftauen.

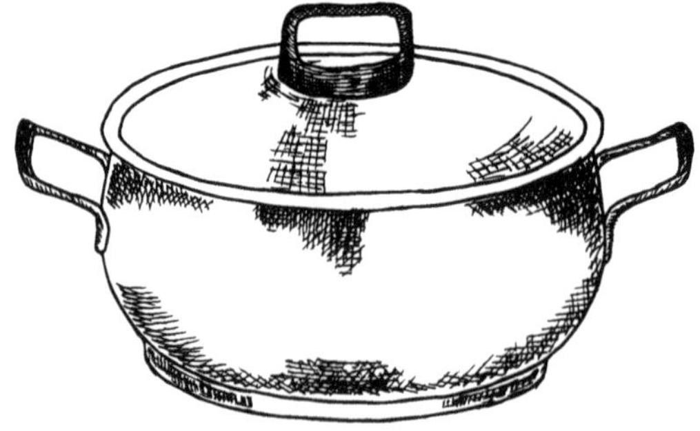

MUSS ES KOCHGERÄTE FÜR DIE PERFEKTE SUPPE

Im Laufe der Jahre habe ich eine Handvoll Küchengeräte gefunden, die das Kochen so viel einfacher machen! Ich wollte eine Liste meiner Lieblingskochutensilien zusammenstellen, um Ihnen zu helfen, die perfekte Suppe zu kochen. Das sind die Basiswerkzeuge in meiner Küche und einige meiner besten Investitionen, weil sie für Dutzende von verschiedenen Rezepten verwendet werden können.

Schnellkochtopf: Im nächsten Abschnitt dieses Buches spreche ich darüber, wie sehr ich meinen Schnellkochtopf liebe! Ich liebe es, Suppen und Eintöpfe darin zu machen, und er macht den Abwasch so viel einfacher.

http://ketojane.com/instantpot

Pürierstab: Ein Pürierstab ist ein Muss in meiner Küche! Er macht das Mischen der Suppe so viel einfacher und verhindert, dass ich die gesamte Suppe in meinen Mixer gießen muss. Ich persönlich mag dieses Modell von Cuisinart.

http://ketojane.com/blender

Silikon-Gefrierbehälter: Ich liebe diese Behälter für die Suppen! Ich versuche, Plastik so weit wie möglich zu vermeiden, und sie machen das Einfrieren kleinerer Einzelportionen Suppe so viel einfacher. Ich kann eine einzelne Portion herausholen und bei Bedarf auftauen.

http://ketojane.com/cubes

Silikon-Suppenlöffel: Das ist mein Lieblingssuppenlöffel. Es macht das Portionieren von selbstgemachter Suppe einfach, und er schöpft eine anständige Menge an Suppe, so dass Sie sich keine Sorgen machen müssen, dass die Suppe überall verschüttet wird.

http://ketojane.com/ladle

Gewürzbehälter: Diese Gewürzbehälter sind ideal für die Herstellung Ihrer eigenen Gewürzmischungen. Sie können sie in diese Gläser füllen und sie beschriften, damit Sie sehen können, welche Gewürze Sie ihren Suppen und Eintöpfen hinzufügen müssen. Sie sind außerdem niedlich, so dass sie sich in die meisten Küchendekorationen integrieren lassen.

http://ketojane.com/spice

WIE DIESES BUCH FUNKTIONIERT

Dieses Kochbuch enthält hilfreiche Kochtipps, die Ihnen helfen, die bestmöglichen Ergebnisse zu erzielen. Es gibt auch Serviervorschläge, um Ihnen eine Vorstellung davon zu geben, mit was jedes dieser Rezepte gut zusammenpasst.

Sie werden feststellen, dass es oben rechts in jedem Rezept fünf Symbole gibt. Ein Schlüssel zu diesen Symbolen ist unten aufgeführt:

Vorbereitungszeit:

Die Zeit, die für die Zubereitung des Rezepts benötigt wird. Hierin nicht enthalten ist die Kochzeit.

Kochzeit:

Die Zeit, die benötigt wird, um das Rezept zu kochen. Hierin nicht enthalten ist die Vorbereitungszeit.

Portionen:

Die Anzahl der Portionen, die jedes Rezept enthält. Sie kann verändert werden. Indem Sie beispielsweise die Menge aller Zutaten verdoppeln, können Sie doppelt so viele Portionen machen.

Schwierigkeitsgrad:

1: Ein einfach zuzubereitendes Rezept, das sich mit nur einer Handvoll Zutaten und in kurzer Zeit zusammenstellen lässt.

2: Diese Rezepte sind etwas schwieriger und zeitaufwendiger, aber trotzdem einfach genug - auch für Anfänger geeignet!

3: Ein fortgeschritteneres Rezept für den abenteuerlustigen Koch! Sie werden nicht allzu viele Rezepte der Stufe 3 in diesem Buch finden. Diese Rezepte sind ideal, wenn Sie etwas mehr Zeit in der Küche verbringen möchten und etwas Außergewöhnliches zubereiten möchten.

Kosten:

€: Ein günstiges, alltägliches Rezept.

€€: Ein preiswertes, mittelmäßiges Rezept.

€€€: Ein teureres Rezept, das sich hervorragend für ein Familientreffen oder eine Party eignet. Diese Rezepte enthalten in der Regel kostspielige Zutaten.

Keto Indikator

Der Indikator ist neu, da ich denke, dass er eine großartige Möglichkeit ist, Ihnen zu helfen zu sehen, wo jedes Rezept auf meinem maßgeschneiderten Keto Indikator steht. So erhalten Sie eine bessere Vorstellung davon, wie Keto ein Rezept in Vergleich zu einem anderen ist. Ich benutze Kalorien aus Fetten (%), um festzustellen, wie wenig Keto jedes der Rezepte ist. Sie sehen auf jedem Rezept ein Etikett, das angibt, ob ein Rezept in die niedrige, mittlere oder hohe Kategorie fällt.

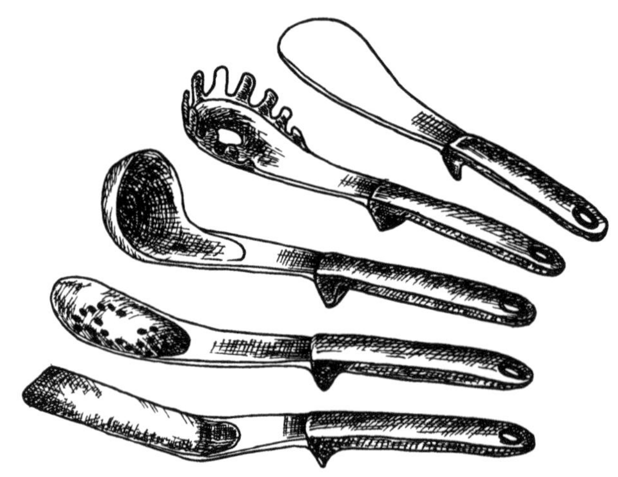

Keto Indikator Schlüssel:

<30% Kalorien aus Fetten

31-60 % Kalorien aus Fetten

>61% Kalorien aus Fetten

Im Inhaltsverzeichnis werden sie so eingestuft:

N = <30% Kalorien aus Fetten,

M = 30%-59% Kalorien aus Fetten,

H = >60% Kalorien aus Fetten

Ernährungskennzeichen

V: Vegetarisch: Vegetarische Rezepte sind fleischfrei, können aber dennoch einige Milchprodukte wie Schlagsahne oder Käse enthalten. Wenn Sie auf Milchprodukte verzichten müssen, können Sie den Käse eliminieren oder einen kalorienarmen Käse auf Nussbasis wählen. Außerdem können Sie die Crème Double gegen Vollfett-Kokosmilch austauschen.

VEGETARIER

SCHLUSSWORT

Abschließend möchte ich Ihnen für den Kauf dieses Buches danken, und ich hoffe, dass es Ihnen hilft, Ihre Gesundheitsziele zu erreichen.

Wenn dieses Buch Ihnen gefallen hat oder Sie irgendwelche Vorschläge haben, dann würde ich mich freuen, wenn Sie freundlicherweise eine Rezension hinterlassen würden (unter dem untenstehenden Link) oder mir einfach eine E-Mail schreiben (ich beantworte alle E-Mails persönlich).

elizabeth@ketojane.com

Um eine Bewertung bei Amazon zu hinterlassen, besuchen Sie bitte:
http://ketojane.com/rezensionsuppe

Elizabeth

Fleischbasierte Suppen

THYMIAN & BASILIKUM RINDFLEISCHSUPPE (M)

Portionen: 6
Vorbereitungsdauer: 15 minuten
Kochdauer: 40 minuten
Schwierigkeitsgrad: 1
Kosten: $$

Kalorien: 219
Kohlenhydrate: 6g
Ballaststoffe: 1g
Netto-Kohlenhydrate: 5g
Fett: 9g
Eiweis: 29g

Kalorien aus:
Kohlenhydrate: 9%
Fettenn: 37%
Eiweis: 53%

Zutaten:

- 450g Rindfleisch, gewürfelt
- 1380ml Rinderknochenbrühe (Sie können auch normale Rinderbrühe verwenden)
- 1 Zwiebel, gehackt
- 2 Knoblauchzehen, gehackt
- 2 Karotten, gehackt
- 2 Stangen Sellerie, geschnitten
- 1 Teelöffel frischer Thymian, gehackt
- ½ Teelöffel getrockneter Oregano
- 1 Handvoll frisches Basilikum, gehackt
- Salz & Pfeffer, nach Geschmack
- 1 Esslöffel Kokosöl, zum Kochen

Zubereitung:

1. Das Kokosöl in eine Pfanne geben und das Rindfleisch bei mittlerer Hitze anbraten.
2. Das Rindfleisch und die restlichen Zutaten außer das Basilikum in einen Topf geben und zum Kochen bringen.
3. Ca. 30 Minuten oder bis das Gemüse weich ist kochen lassen.
4. Mit frisch gehacktem Basilikum servieren.

PILZ- & RINDFLEISCHSUPPE MIT KNOBLAUCH (M)

Portionen: 6

Vorbereitungsdauer: 10 minuten

Kochdauer: 40 minuten

Schwierigkeitsgrad: 2

Kosten: $$

Kalorien: 315

Kohlenhydrate: 5g

Ballaststoffe: 1g

Net Kohlenhydrate: 4g

Fett: 19g

Eiweis: 30g

Kalorien aus:
Kohlenhydrate: 5%
Fettenn: 56%
Eiweis: 39%

Zutaten:

- 450g Rindfleisch, gewürfelt
- 340g Cremini-Pilze
- 1380ml Rinderbrühe
- 110g Crème Double
- 113g Frischkäse
- 1 Zwiebel, gehackt
- 2 Knoblauchzehen, gehackt
- Salz & Pfeffer, nach Geschmack
- 1 Esslöffel Kokosöl, zum Kochen

Zubereitung:

1. Das Kokosöl in eine Pfanne geben und das Rindfleisch anbraten.
2. Nach dem Kochen das Rindfleisch in einen Kochtopf geben, mit allen Zutaten außer der Schlagsahne. Gut mischen.
3. Zum Kochen bringen und erneut verquirlen, bis der Frischkäse gleichmäßig in die Suppe eingemischt ist.
4. 30 Minuten kochen lassen.
5. Die Crème Double erwärmen und dann zur Suppe geben.

SCHONGARER PUTEN-TACO-SUPPE (H)

Portionen: 6
Vorbereitungsdauer: 10 minuten
Kochdauer: 4 stunden
Schwierigkeitsgrad: 1
Kosten: $

Kalorien: 335
Kohlenhydrate: 6g
Ballaststoffe: 1g
Net Kohlenhydrate: 5g
Fett: 23g
Eiweis: 28g

Kalorien aus:
Kohlenhydrate: 6%
Fettenn: 61%
Eiweis: 33%

Zutaten:

- 450g Putenhackfleisch
- 1150ml Hühnerknochenbrühe (Sie können auch herkömmliche Hühnerbrühe verwenden)
- 300g Tomatenwürfel in Dosen (ohne Zuckerzusatz)
- 225g Frischkäse
- 1 Zwiebel, gehackt
- 1 Esslöffel Chilipulver
- 1 Teelöffel Kreuzkümmel
- 1 Teelöffel Knoblauchpulver
- 1 Teelöffel Zwiebelpulver

Zubereitung:

1. Alle Zutaten außer den Frischkäse in einen Schongarer geben und mit der Hühnerbrühe bedecken.
2. Auch Hoch stellen und 4 Stunden kochen lassen, den Frischkäse nach 3,5 Stunden hinzufügen.
3. Vor dem Servieren gut umrühren.

SCHONGARER LAMM-UND BLUMENKOHLSUPPE (M)

Portionen: 6
Vorbereitungsdauer: 10 minuten
Kochdauer: 4 stunden
Schwierigkeitsgrad: 1
Kosten: $$

Kalorien: 263
Kohlenhydrate: 6g
Ballaststoffe: 2g
Net Kohlenhydrate: 4g
Fett: 14g
Eiweis: 27g

Kalorien aus:
Kohlenhydrate: 6%
Fettenn: 50%
Eiweis: 43%

Zutaten:

- 450g Lammhackfleisch
- 1150ml Rinderbrühe
- 1 Blumenkohl, in Röschen geschnitten
- 225g Crème Double
- 1 Zwiebel, gehackt
- 2 Knoblauchzehen, gehackt
- 1 Esslöffel Frisch gehackter Thymian
- ½ Teelöffel gemahlener schwarzer Pfeffer
- ½ Teelöffel Salz

Zubereitung:

1. Das Lammhackfleisch und den Blumenkohl in einen Schongarer geben.
2. Die restlichen Zutaten außer der Schlagsahne zugeben und 4 Stunden lang auf hoher Stufe garen.
3. Die Crème Double erwärmen, bevor sie in die Suppe gegeben wird. Die Suppe mit einem Pürierstab cremig rühren.

ZITRONEN-HÜHNERSUPPE (M)

Portionen: 4
Vorbereitungsdauer: 10 minuten
Kochdauer: 4 stunden
Schwierigkeitsgrad: 1
Kosten: $$

Kalorien: 171
Kohlenhydrate: 6g
Ballaststoffe: 1g
Net Kohlenhydrate: 5g
Fett: 6g
Eiweis: 22g

Kalorien aus:
Kohlenhydrate: 12%
Fettenn: 33%
Eiweis: 54%

Zutaten:

- 2 entbeinte, hautlose Hühnerbrüste
- 1380ml Hühnerbrühe
- 55ml frisch gepresster Zitronensaft
- 2 Esslöffels Schnittlauch, gehackt
- 1 Zwiebel, gehackt
- 2 Knoblauchzehen, gehackt
- Salz & Pfeffer, nach Geschmack

Zubereitung:

1. Alle Zutaten in einen Schongarer geben und 4 Stunden lang auf hoher Stufe garen.
2. Nach dem Kochen das Hähnchen zerkleinern und wieder in die Suppe einrühren.

HAMBURGER & TOMATENSUPPE (M)

Portionen: 6
Vorbereitungsdauer: 10 minuten
Kochdauer: 4 stunden
Schwierigkeitsgrad: 1
Kosten: $$

Kalorien: 209
Kohlenhydrate: 5g
Ballaststoffe: 1g
Net Kohlenhydrate: 4g
Fett: 9g
Eiweis: 26g

Kalorien aus:
Kohlenhydrate: 8%
Fettenn: 40%
Eiweis: 52%

Zutaten:

- 450g mageres Rinderhackfleisch
- 125ml Marinara-Sauce ohne Zuckerzusatz
- 115ml Rinderbrühe
- 60g geriebener Cheddar-Käse
- 1 Zwiebel, gehackt
- 2 Knoblauchzehen, gehackt
- Salz & Pfeffer, nach Geschmack

Zubereitung:

1. Alle Zutaten außer des geriebenen Käses in einen Schongarer geben und 4 Stunden auf hoher Stufe garen.
2. Den Käse unterrühren und servieren.

GEMÜSE-RINDFLEISCHSUPPE (M)

Portionen: 6
Vorbereitungsdauer: 10 minuten
Kochdauer: 4-6 stunden
Schwierigkeitsgrad: 1
Kosten: $$

Kalorien: 185
Kohlenhydrate: 5g
Ballaststoffe: 1g
Net Kohlenhydrate: 4g
Fett: 6g
Eiweis: 7g

Kalorien aus:
Kohlenhydrate: 9%
Fettenn: 30%
Eiweis: 61%

Zutaten:

- 450g mageres Rinderhackfleisch
- 920ml Rinderbrühe
- 1 Zucchini, gewürfelt
- 2 Stangen Sellerie, gehackt
- 150g gewürfelte Tomaten
- 1 Zwiebel, gehackt
- 2 Knoblauchzehen, gehackt
- 1 Teelöffel frisch gehackter Thymian
- 1 Teelöffel frisch gehackter Rosmarin
- Salz & Pfeffer, nach Geschmack

Zubereitung:

1. Alle Zutaten in einen Schongarer geben und 4 bis 6 Stunden auf hoher Stufe garen.
2. Vor dem Servieren gut umrühren.

LAMM-TACO-SUPPE (M)

Portionen: 6
Vorbereitungsdauer: 10 minuten
Kochdauer: 4-6 stunden
Schwierigkeitsgrad: 1
Kosten: $$

Kalorien: 265
Kohlenhydrate: 6g
Ballaststoffe: 1g
Net Kohlenhydrate: 5g
Fett: 13g
Eiweis: 30g

Kalorien aus:
Kohlenhydrate: 8%
Fettenn: 46%
Eiweis: 47%

Zutaten:

- 450g Lammhackfleisch
- 920ml Rinderbrühe
- 120g geriebener Cheddarkäse
- 300g gewürfelte Tomaten
- 1 grüne Paprika, gehackt
- 1 Zwiebel, gehackt
- 2 Knoblauchzehen, gehackt
- 1 Teelöffel gemahlener Kreuzkümmel
- 1 Teelöffel gemahlener Koriander
- 1 Teelöffel Paprika
- ½ Teelöffel Cayennepfeffer
- Salz & Pfeffer, nach Geschmack

Zubereitung:

1. Alle Zutaten außer des geriebenen Käses in einen Schongarer geben und 4 bis 6 Stunden lang auf hoher Stufe garen.
2. Den geriebenen Käse unterrühren und servieren.

Vegetarische Suppen

VEGETARIER

KAROTTE, INGWER & KURKUMA-SUPPE (V)(M)

Portionen: 8

Vorbereitungsdauer: 15 minuten

Kochdauer: 40 minuten

Schwierigkeitsgrad: 2

Kosten: $$

Kalorien: 73

Kohlenhydrate: 7g

Ballaststoffe: 2g

Net Kohlenhydrate: 5g

Fett: 3g

Eiweis: 4g

Kalorien aus:

Kohlenhydrate: 32%

Fettenn: 43%

Eiweis: 25%

Zutaten:

- 1380ml Gemüsebrühe
- 60ml ungesüßte Vollfett-Kokosmilch
- 340g Karotten, geschält und gehackt
- 2 Teelöffel geriebener Ingwer
- 1 Teelöffel gemahlene Kurkuma
- 1 süße Zwiebel, gehackt
- 2 Knoblauchzehen, gehackt
- Prise Meersalz & Pfeffer, nach Geschmack

Zubereitung:

1. Alle Zutaten außer der Kokosmilch bei mittlerer Hitze in einen Kochtopf geben und zum Kochen bringen. Auf kleiner Flamme kochen lassen, 40 Minuten lang oder bis die Karotten weich sind.
2. Verwenden Sie einen Pürierstab und mischen Sie die Suppe zu einer geschmeidigen Konsistenz. Die Kokosmilch unterrühren.
3. Sofort genießen und Reste einfrieren.

SERVIERVORSCHLÄGE

WENN SIE NICHT AUF MILCHPRODUKTE VERZICHTEN MÜSSEN, KÖNNEN SIE ANSTELLE DER KOKOSMILCH CRÈME DOUBLE VERWENDEN. ACHTEN SIE NUR DARAUF, DIE CRÈME DOUBLE ZU ERWÄRMEN, BEVOR SIE SIE IN DIE SUPPE GEBEN.

VEGETARIER

Portionen: 6
Vorbereitungsdauer: 15 minuten
Kochdauer: 30 minuten
Schwierigkeitsgrad: 2
Kosten: $$

Kalorien: 104
Kohlenhydrate: 6g
Ballaststoffe: 1g
Net Kohlenhydrate: 5g
Fett: 7g
Eiweis: 6g

Kalorien aus:
Kohlenhydrate: 19%
Fettenn: 59%
Eiweis: 22%

VEGETARISCHE KNOBLAUCH-, TOMATEN- UND ZWIEBELSUPPE (V)(M)

Zutaten:

- 1380ml Gemüsebrühe
- 120ml ungesüßte Vollfett-Kokosmilch
- 450g gewürfelte Dosentomaten
- 1 Zwiebel, gehackt
- 3 Knoblauchzehen, gehackt
- 1 Teelöffel italienische Gewürze
- 1 Lorbeerblatt
- Prise Salz & Pfeffer, nach Geschmack
- Frisches Basilikum, zum Servieren

Zubereitung:

1. Alle Zutaten außer der Kokosmilch und des frischen Basilikums bei mittlerer Hitze in einen Kochtopf geben und zum Kochen bringen. Auf kleine Flamme reduzieren und 30 Minuten kochen lassen.
2. Das Lorbeerblatt entfernen und mit einem Pürierstab mischen, bis eine cremige Konsistenz entsteht. Die Kokosmilch unterrühren.
3. Mit frischem Basilikum garnieren und servieren.

SERVIERVORSCHLÄGE

WENN SIE NICHT AUF MILCHPRODUKTE VERZICHTEN MÜSSEN, KÖNNEN SIE DIE SUPPE MIT FRISCH GERIEBENEM PARMESANKÄSE SERVIEREN

VEGETARIER

KÜRBIS-KOKOSNUSS-UND SALBEI-SUPPE (V)(H)

Portionen: 6

Vorbereitungsdauer: 15 minuten

Kochdauer: 30 minuten

Schwierigkeitsgrad: 1

Kosten: $$

Kalorien: 146
Kohlenhydrate: 7g
Ballaststoffe: 2g
Net Kohlenhydrate: 5g
Fett: 11g
Eiweis: 6g

Kalorien aus:
Kohlenhydrate: 14%
Fettenn: 69%
Eiweis: 17%

Zutaten:

- 1380ml Gemüsebrühe
- 400g Dosen-Kürbis
- 240ml Vollfett-Kokosnussmilch
- 1 Teelöffel frisch gehackter Salbei
- 2 Knoblauchzehen, gehackt
- Prise Salz & Pfeffer, nach Geschmack

Zubereitung:

1. Alle Zutaten außer der Kokosmilch bei mittlerer Hitze in einen Kochtopf geben und zum Kochen bringen. Auf kleine Flamme reduzieren und 30 Minuten kochen lassen.
2. Die Kokosmilch dazugeben und umrühren.

SERVIERVORSCHLÄGE

WENN SIE NICHT AUF MILCHPRODUKTE VERZICHTEN MÜSSEN, KÖNNEN SIE AUF WUNSCH AUCH CRÈME DOUBLE ANSTELLE VON KOKOSMILCH VERWENDEN.

Cremige Suppen

ITALIENISCHE RINDFLEISCHSUPPE (M)

Portionen: 6
Vorbereitungsdauer: 10 minuten
Kochdauer: 4 stunden
Schwierigkeitsgrad: 1
Kosten: $$

Kalorien: 241
Kohlenhydrate: 4g
Ballaststoffe: 1g
Net Kohlenhydrate: 3g
Fett: 14g
Eiweis: 25g

Kalorien aus:
Kohlenhydrate: 5%
Fettenn: 53%
Eiweis: 42%

Zutaten:

- 450g mageres Rinderhackfleisch
- 230ml Rinderbrühe
- 225g Crème Double
- 60g geriebener Mozzarella
- 150g gewürfelte Tomaten
- 1 Zwiebel, gehackt
- 2 Knoblauchzehen, gehackt
- 1 Esslöffel italienische Gewürze
- Salz & Pfeffer, nach Geschmack

Zubereitung:

1. Alle Zutaten außer der Crème Double und des Mozzarellas in einen Schongarer geben. 4 Stunden auf niedriger Stufe garen.
2. Die Crème Double erwärmen und dann die erwärmte Sahne und den Käse in die Suppe geben. Gut umrühren und servieren.

SPECK-KÄSE-SUPPE (H)

Portionen: 6

Vorbereitungsdauer: 15 minuten

Kochdauer: 40 minuten

Schwierigkeitsgrad: 2

Kosten: $$

Kalorien: 498
Kohlenhydrate: 5g
Ballaststoffe: 1g
Net Kohlenhydrate: 4g
Fett: 34g
Eiweis: 41g

Kalorien aus:
Kohlenhydrate: 3%
Fettenn: 63%
Eiweis: 34%

Zutaten:

- 450g mageres Rinderhackfleisch
- 6 Scheiben frischer Speck
- 1380ml Rinderbrühe
- 225g Crème Double
- 120g geriebener Cheddarkäse
- 1 Zwiebel, gehackt
- 1 Teelöffel Knoblauchpulver
- ½ Teelöffel Zwiebelpulver
- ½ Teelöffel Kreuzkümmel
- ½ Teelöffel Paprika
- 110g Sour Crème, zum Servieren
- 1 Esslöffel Kokosöl, zum Kochen

Zubereitung:

1. Das Kokosöl in eine Pfanne geben und den Speck knusprig braten. Den Speck abkühlen lassen und in kleine Stücke schneiden. Beiseite legen.
2. Nach dem Kochen das magere Hackfleisch in die gleiche Pfanne mit dem Speckfett geben und braten.
3. Die Zwiebeln dazugeben und weitere 2 bis 3 Minuten garen.
4. Alle Zutaten außer Speck, Schlagsahne, Sauerrahm und Käse in einen Kochtopf geben und umrühren. 25 Minuten kochen lassen.
5. Die Sahne erwärmen, dann die erwärmte Sahne dazugeben und Käse dazugeben und mit dem Speck und einer Prise Sauerrahm servieren.

KÄSE-HÜHNERSUPPE (M)

Portionen: 6

Vorbereitungsdauer: 20 minuten

Kochdauer: 33-40 minuten

Schwierigkeitsgrad: 2

Kosten: $$

Kalorien: 157
Kohlenhydrate: 5g
Ballaststoffe: 1g
Net Kohlenhydrate: 4g
Fett: 7g
Eiweis: 17g

Kalorien aus:
Kohlenhydrate: 11%
Fettenn: 43%
Eiweis: 46%

Zutaten:

- 2 entbeinte, hautlose Hühnerbrüste
- 460ml Hühnerbrühe
- 460ml Wasser
- 225g Frischkäse
- 60g geriebener Cheddarkäse
- 1 Zwiebel, gehackt
- 2 Knoblauchzehen, gehackt
- 1 Teelöffel Chilipulver
- ½ Teelöffel Kreuzkümmel
- ½ Teelöffel Salz
- ¼ Teelöffel schwarzer Pfeffer
- 1 Esslöffel Kokosöl, zum Kochen

Zubereitung:

1. Eine große Pfanne bei mittlerer Hitze mit einem ½ Esslöffel Kokosöl erhitzen.
2. Die Hühnerbrüste anbraten, bis sie gar sind. Beiseite legen.
3. Knoblauch und Zwiebel in einen großen Topf mit dem restlichen 1 Esslöffel Kokosöl geben und bei mittlerer Hitze anbraten, bis sie glasig sind. Das sollte etwa 3-5 Minuten dauern.

weiter auf der nächsten Seite ▶

KÄSE-HÜHNERSUPPE (M)

Portionen: 6
Vorbereitungsdauer: 20 minuten
Kochdauer: 33-40 minuten
Schwierigkeitsgrad: 2
Kosten: $$

Kalorien: 157
Kohlenhydrate: 5g
Ballaststoffe: 1g
Net Kohlenhydrate: 4g
Fett: 7g
Eiweis: 17g

Kalorien aus:
Kohlenhydrate: 11%
Fettenn: 43%
Eiweis: 46%

4. Fügen Sie die Hühnerbrühe und das Wasser hinzu.
5. Den Frischkäse unterrühren und bei schwacher bis mittlerer Hitze weiterrühren, bis alles gut vermischt ist.
6. Die Gewürze dazugeben und zum Kochen bringen.
7. Während das Wasser kocht, das Huhn in mundgerechte Stücke schneiden und in den Kochtopf geben.
8. Auf kleine Flamme reduzieren und 30 bis 35 Minuten kochen lassen.
9. Den Cheddarkäse unterrühren und servieren.

KNOBLAUCHIGE HÜHNERSUPPE (M)

Portionen: 6

Vorbereitungsdauer: 10 minuten

Kochdauer: 15 minuten

Schwierigkeitsgrad: 1

Kosten: $

Kalorien: 128
Kohlenhydrate: 2g
Ballaststoffe: 0g
Net Kohlenhydrate: 2g
Fett: 6g
Eiweis: 16g

Kalorien aus:
Kohlenhydrate: 6%
Fettenn: 43%
Eiweis: 51%

Zutaten:

- 2 entbeinte, hautlose Hühnerbrüste
- 920ml Hühnerbrühe
- 113g Frischkäse
- 3 Knoblauchzehen, gehackt
- 1 Teelöffel Thymian
- 1 Teelöffel Salz
- ¼ Teelöffel schwarzer Pfeffer
- 1 Esslöffel Butter zum Anbraten

Zubereitung:

1. Einen Kochtopf bei mittlerer Hitze mit der Butter aufheizen.
2. Das Huhn dazugeben und anbraten, bis es vollständig durch ist. Vom Herd nehmen.
3. Das Huhn zerkleinern und zusammen mit den restlichen Zutaten außer dem Frischkäse wieder in den Topf geben.
4. Zum Kochen bringen.
5. Den Frischkäse dazugeben und rühren, bis es keine Klumpen mehr gibt.
6. 10 Minuten köcheln lassen und servieren.

BROKKOLI CHEDDAR & SPECKSUPPE (H)

Portionen: 6
Vorbereitungsdauer: 10 minuten
Kochdauer: 10 minuten
Schwierigkeitsgrad: 1
Kosten: $

Kalorien: 220
Kohlenhydrate: 4g
Ballaststoffe: 1g
Net Kohlenhydrate: 3g
Fett: 18g
Eiweis: 11g

Kalorien aus:
Kohlenhydrate: 6%
Fettenn: 74%
Eiweis: 20%

Zutaten:

- 460ml Hühnerbrühe
- 180g Brokkoliröschen fein gehackt
- 225g Crème Double
- 120g geriebener Cheddarkäse
- ½ Weiße Zwiebel, gehackt
- 2 Knoblauchzehen, gehackt
- 3 Scheiben gebratener Speck, zerbröckelt zum Servieren
- ½ Teelöffel Salz
- ¼ Teelöffel schwarzer Pfeffer

Zubereitung:

1. Alle Zutaten außer der Crème Double, des Cheddarkäses und des Specks bei mittlerer Hitze in einen Kochtopf geben.
2. Auf kleiner Flamme 5 Minuten kochen lassen.
3. Die Sahne erwärmen und dann die warme Sahne und den Cheddarkäse hinzufügen. Alles verrühren, bis die Suppe es glatt ist.
4. Mit zerbröckeltem Speck servieren.

TOMATEN-CREMESUPPE (H)

Portionen: 6
Vorbereitungsdauer: 10 minuten
Kochdauer: 40 minuten
Schwierigkeitsgrad: 1
Kosten: $

Kalorien: 144
Kohlenhydrate: 4g
Ballaststoffe: 1g
Net Kohlenhydrate: 3g
Fett: 12g
Eiweis: 4g

Kalorien aus:
Kohlenhydrate: 9%
Fettenn: 79%
Eiweis: 12%

Zutaten:

- 900g ganze, geschälte Dosentomaten
- 460ml Hühnerbrühe
- 225g Crème Double
- 3 Knoblauchzehen, gehackt
- 2 Esslöffel Butter
- 1 Teelöffel frisch gehackter Thymian
- Salz & schwarzer Pfeffer, nach Geschmack

Zubereitung:

1. Die Butter in einen Kochtopfes geben.
2. Alle restlichen Zutaten außer der Crème Double hinzugeben. Zum Kochen bringen und dann 40 Minuten köcheln lassen.
3. Die Crème Double erwärmen und dann in die Suppe rühren.

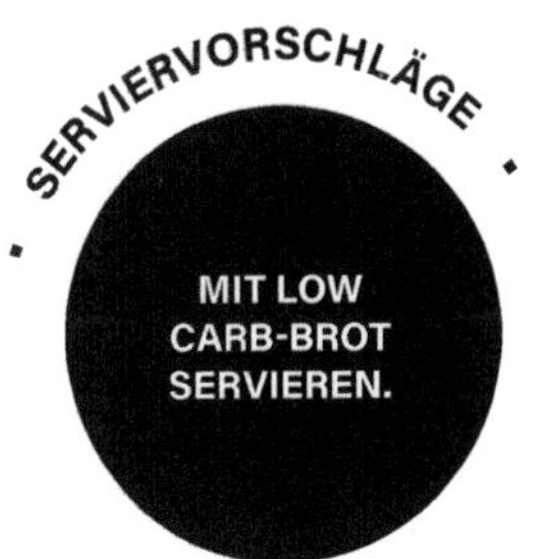

CREMIGE PUTENSUPPE (H)

Portionen: 7
Vorbereitungsdauer: 15 minuten
Kochdauer: 4 stunden
Schwierigkeitsgrad: 1
Kosten: $$

Kalorien: 216
Kohlenhydrate: 6g
Ballaststoffe: 1g
Net Kohlenhydrate: 5g
Fett: 14g
Eiweis: 17g

Kalorien aus:
Kohlenhydrate: 9%
Fettenn: 59%
Eiweis: 32%

Zutaten:

- 450g Putenbrust, gewürfelt
- 1150ml Hühnerbrühe
- 225g Frischkäse
- 1 Karotte, gehackt
- 1 Stange Sellerie, gehackt
- 3 Knoblauchzehen, gehackt
- 1 Teelöffel frisch gehackter Rosmarin
- Salz & schwarzer Pfeffer, nach Geschmack

Zubereitung:

1. Alle Zutaten außer des Frischkäses in einen Schongarer geben.
2. 4 Stunden lang auf hoher Stufe garen.
3. Den Frischkäse unterrühren, bis alles gut vermischt ist.

KAROTTEN-INGWER-SUPPE (H)

Portionen: 6

Vorbereitungsdauer: 15 minuten

Kochdauer: 4 stunden

Schwierigkeitsgrad: 1

Kosten: $$

Kalorien: 135
Kohlenhydrate: 9g
Ballaststoffe: 2g
Net Kohlenhydrate: 7g
Fett: 9g
Eiweis: 5g

Kalorien aus:
Kohlenhydrate: 22%
Fettenn: 63%
Eiweis: 16%

Zutaten:

- 225g Crème Double
- 1150ml Hühnerbrühe
- 6 Karotten, gehackt
- 2 Esslöffel frisch gehackter Ingwer
- 3 Knoblauchzehen, gehackt
- 1 Teelöffel frisch gehackter Rosmarin
- Salz & schwarzer Pfeffer, nach Geschmack

Zubereitung:

1. Alle Zutaten außer der Crème Double in einen Schongarer geben.
2. 4 Stunden lang auf hoher Stufe garen.
3. Die Crème Double erwärmen und dann zur Suppe geben.
4. Verwenden Sie einen Pürierstab und mischen Sie die Suppe zu einem geschmeidigen Ganzen.

ZIMT-BUTTERNUSSKÜRBIS-SUPPE (H)

Portionen: 8
Vorbereitungsdauer: 15 minuten
Kochdauer: 4-6 stunden
Schwierigkeitsgrad: 1
Kosten: $$

Kalorien: 95
Kohlenhydrate: 6g
Ballaststoffe: 1g
Net Kohlenhydrate: 5g
Fett: 7g
Eiweis: 4g

Kalorien aus:
Kohlenhydrate: 20%
Fettenn: 64%
Eiweis: 16%

Zutaten:

- 600g Butternusskürbis, gewürfelt
- 225g Crème Double
- 1150ml Hühnerbrühe
- 1 Karotte, gehackt
- 3 Knoblauchzehen, gehackt
- 2 Teelöffel gemahlener Zimt
- ½ Teelöffel gemahlene Muskatnuss
- ½ Teelöffel gemahlene Nelken
- Salz & schwarzer Pfeffer, nach Geschmack

Zubereitung:

1. Alle Zutaten außer der Crème Double in einen Schongarer geben.
2. 4 bis 6 Stunden lang auf hoher Stufe garen.
3. Die Crème Double erwärmen und dann zur Suppe geben.
4. Verwenden Sie einen Pürierstab und mischen Sie die Suppe zu einem geschmeidigen Ganzen.

KÜRBIS-MUSKATNUSS-SUPPE (H)

Portionen: 8
Vorbereitungsdauer: 15 minuten
Kochdauer: 4-6 stunden
Schwierigkeitsgrad: 1
Kosten: $$

Kalorien: 96
Kohlenhydrate: 6g
Ballaststoffe: 2g
Net Kohlenhydrate: 4g
Fett: 7g
Eiweis: 4g

Kalorien aus:
Kohlenhydrate: 17%
Fettenn: 66%
Eiweis: 17%

Zutaten:

- 600g Kürbis, gewürfelt
- 225g Crème Double
- 1150ml Hühnerbrühe
- 3 Knoblauchzehen, gehackt
- 2 Teelöffel gemahlener Zimt
- ½ Teelöffel gemahlene Muskatnuss
- ½ Teelöffel gemahlene Nelken
- Salz & schwarzer Pfeffer, nach Geschmack

Zubereitung:

1. Alle Zutaten außer der Crème Double in einen Schongarer geben.
2. 4 bis 6 Stunden lang auf hoher Stufe garen.
3. Die Crème Double erwärmen und dann zur Suppe geben.
4. Verwenden Sie einen Pürierstab und mischen Sie die Suppe zu einem geschmeidigen Ganzen.

SPINATCREME MOZZARELLA-SUPPE (H)

Portionen: 4
Vorbereitungsdauer: 10 minuten
Kochdauer: 15 minuten
Schwierigkeitsgrad: 1
Kosten: $$

Kalorien: 151
Kohlenhydrate: 3g
Ballaststoffe: 0g
Net Kohlenhydrate: 3g
Fett: 13g
Eiweis: 6g

Kalorien aus:
Kohlenhydrate: 8%
Fettenn: 76%
Eiweis: 16%

Zutaten:

- 460ml Hühnerbrühe
- 225g Crème Double
- 120g geriebener Mozzarella
- 30g frischer Spinat, gehackt
- 3 Knoblauchzehen, gehackt
- 1 Teelöffel Zwiebelpulver
- 1 Teelöffel getrockneter Thymian
- Salz & schwarzer Pfeffer, nach Geschmack

Zubereitung:

1. Alle Zutaten außer der Crème Double in einen Schongarer geben.
2. Zum Kochen bringen und dann 10 Minuten köcheln lassen.
3. Die Crème Double erwärmen und dann zusammen mit dem Mozzarella in die Suppe geben. Rühren, bis der Käse geschmolzen ist.

SPARGELCREME & PARMESANSUPPE (H)

Portionen: 4
Vorbereitungsdauer: 10 minuten
Kochdauer: 15 minuten
Schwierigkeitsgrad: 1
Kosten: $$

Kalorien: 228
Kohlenhydrate: 7g
Ballaststoffe: 2g
Net Kohlenhydrate: 5g
Fett: 17g
Eiweis: 12g

Kalorien aus:
Kohlenhydrate: 9%
Fettenn: 69%
Eiweis: 22%

Zutaten:

- 460ml Hühnerbrühe
- 225g Crème Double
- 113g geriebener Parmesan
- 190g fein gehackter Spargel
- 1 Zwiebel, gehackt
- 3 Knoblauchzehen, gehackt
- 1 Teelöffel getrockneter Thymian
- Salz & schwarzer Pfeffer, nach Geschmack

Zubereitung:

1. Alle Zutaten außer der Crème Double und des Parmesankäse in einen Schongarer geben.
2. Zum Kochen bringen und dann 10 Minuten köcheln lassen.
3. Die Crème Double erwärmen und dann zusammen mit dem Parmesankäse in die Suppe geben. Rühren, bis der Käse geschmolzen ist und servieren.

MOZZARELLA-TOMATEN-BASILIKUM-SUPPE (H)

Portionen: 6
Vorbereitungsdauer: 15 minuten
Kochdauer: 30 minuten
Schwierigkeitsgrad: 2
Kosten: $$

Kalorien: 122
Kohlenhydrate: 5g
Ballaststoffe: 1g
Net Kohlenhydrate: 4g
Fett: 9g
Eiweis: 6g

Kalorien aus:
Kohlenhydrate: 13%
Fettenn: 67%
Eiweis: 20%

Zutaten:

- 920ml Gemüsebrühe
- 225g Crème Double
- 300g gewürfelte Dosentomaten
- 1 Zwiebel, gehackt
- 2 Knoblauchzehen, gehackt
- 120g geriebener Mozzarella
- Frisch gehacktes Basilikum, zum Servieren

Zubereitung:

1. Alle Zutaten abzüglich außer der Crème Double, des Käses und des frischen Basilikums bei mittlerer Hitze in einen Kochtopf geben. Zum Kochen bringen und dann auf kleine Flamme reduzieren.
2. 30 Minuten köcheln lassen.
3. Während die Suppe kocht, die Crème Double bei schwacher Hitze erwärmen und zur gekochten Suppe hinzufügen.
4. Verwenden Sie einen Pürierstab und pürieren Sie, bis die Suppe glatt ist.
5. Den Mozzarella unterrühren und mit frischem Basilikum belegen.

MACADAMIA-CREMESUPPE (H)

Portionen: 8

Vorbereitungsdauer: 10 minuten

Kochdauer: 60 minuten

Schwierigkeitsgrad: 1

Kosten: $$

Kalorien: 225
Kohlenhydrate: 8g
Ballaststoffe: 3g
Net Kohlenhydrate: 5g
Fett: 21g
Eiweis: 4g

Kalorien aus:
Kohlenhydrate: 9%
Fettenn: 84%
Eiweis: 7%

Zutaten:

- 4 Karotten, geschält und gehackt
- 1 Lauch (nur weißer Teil)
- 2 Knoblauchzehen, geschält
- 113g Macadamianüsse, fein gehackt oder gemahlen
- 4 Esslöffel Butter
- 920ml Hühnerbrühe
- 55g Crème Double
- 2 Esslöffel gehackter frischer Koriander (1 Esslöffel zum Garnieren)
- 1 Teelöffel Kurkuma
- 1 Teelöffel Salz
- ½ Teelöffel schwarzer Pfeffer

Zubereitung:

1. Alle Zutaten, beginnend mit der Butter, in einen großen Topf geben. Zum Kochen bringen, dann die Hitze reduzieren und 1 Stunde köcheln lassen.
2. Verwenden Sie einen Pürierstab und mischen Sie die Suppe zu einem glatten Ganzen.
3. Auf Wunsch mit frischem Koriander garnieren.

Würzige Suppen

WÜRZIGE LIMETTEN-KORIANDERSUPPE (N)

Portionen: 6
Vorbereitungsdauer: 10 minuten
Kochdauer: 4 stunden
Schwierigkeitsgrad: 1
Kosten: $

Kalorien: 108
Kohlenhydrate: 4g
Ballaststoffe: 1g
Net Kohlenhydrate: 3g
Fett: 3g
Eiweis: 16g

Kalorien aus:
Kohlenhydrate: 12%
Fettenn: 26%
Eiweis: 62%

Zutaten:

- 1380ml Hühnerbrühe
- 3 entbeinte, hautlose Hühnerbrüste
- Saft aus 1 Limette
- 1 Zwiebel, gehackt
- 2 Knoblauchzehen, gehackt
- 1 Jalapeno, entkernt und geschnitten
- 1 Handvoll frischer Koriander
- Salz & schwarzer Pfeffer, nach Geschmack

Zubereitung:

1. Alle Zutaten außer dem Koriander, Salz und schwarzem Pfeffer in einen Schongarer geben und 4 Stunden lang auf hoher Stufe garen.
2. Den Koriander dazugeben und mit Salz und schwarzem Pfeffer würzen.
3. Das Huhn zerpflücken und servieren.

WÜRZIG-ZITRONIGE HÜHNERSUPPE (N)

Portionen: 6
Vorbereitungsdauer: 10 minuten
Kochdauer: 4 stunden
Schwierigkeitsgrad: 1
Kosten: $

Kalorien: 108
Kohlenhydrate: 4g
Ballaststoffe: 1g
Net Kohlenhydrate: 3g
Fett: 3g
Eiweis: 16g

Kalorien aus:
Kohlenhydrate: 12%
Fettenn: 26%
Eiweis: 62%

Zutaten:

- 1380ml Hühnerbrühe
- 3 entbeinte, hautlose Hühnerbrüste
- Saft aus 1 Zitrone
- 1 Zwiebel, gehackt
- 2 Knoblauchzehen, gehackt
- 1 Teelöffel Cayennepfeffer
- 1 Teelöffel getrockneter Thymian
- 1 Handvoll frische Petersilie, gehackt
- Salz & schwarzer Pfeffer, nach Geschmack

Zubereitung:

1. Alle Zutaten außer dem Salz, schwarzem Pfeffer und der Petersilie in einen Schongarer geben und 4 Stunden lang auf hoher Stufe garen.
2. Die Petersilie dazugeben und mit Salz und schwarzem Pfeffer würzen.
3. Das Huhn zerpflücken und servieren.

WÜRZIGE ITALIENISCHE SUPPE (M)

Portionen: 6

Vorbereitungsdauer: 10 minuten

Kochdauer: 4 stunden

Schwierigkeitsgrad: 1

Kosten: $

Kalorien: 125
Kohlenhydrate: 5g
Ballaststoffe: 1g
Net Kohlenhydrate: 4g
Fett: 4g
Eiweis: 17g

Kalorien aus:
Kohlenhydrate: 13%
Fettenn: 30%
Eiweis: 57%

Zutaten:

- 1380ml Hühnerbrühe
- 3 entbeinte, hautlose Hühnerbrüste
- 300g gewürfelte Dosentomaten
- 1 Zwiebel, gehackt
- Knoblauchzehen, gehackt
- 120g geriebener Mozzarella
- 1 Jalapeno, entkernt und geschnitten
- 1 Teelöffel getrockneter Thymian
- 1 Teelöffel getrockneter Oregano
- Salz & schwarzer Pfeffer, nach Geschmack

Zubereitung:

1. Alle Zutaten außer dem Käse, Salz und schwarzem Pfeffer in einen Schongarer geben und 4 Stunden lang auf hoher Stufe garen.
2. Den Käse unterrühren und mit Salz und schwarzem Pfeffer würzen.
3. Das Huhn zerpflücken und servieren

JALAPENO & LIMETTE GARNELENSUPPE (M)

Portionen: 6
Vorbereitungsdauer: 10 minuten
Kochdauer: 35 minuten
Schwierigkeitsgrad: 1
Kosten: $$

Kalorien: 153
Kohlenhydrate: 6g
Ballaststoffe: 1g
Net Kohlenhydrate: 5g
Fett: 5g
Eiweis: 21g

Kalorien aus:
Kohlenhydrate: 13%
Fettenn: 30%
Eiweis: 56%

Zutaten:

- 920ml Hühnerbrühe
- Saft aus 1 Limette
- 450g geschälte, entdarmte Garnelen
- 1 Zwiebel, gehackt
- 1 Schalotte, gehackt
- 3 Knoblauchzehen, gehackt
- 1 Jalapeno, entkernt und geschnitten
- Salz & schwarzer Pfeffer, nach Geschmack
- 1 Esslöffel Kokosöl zum Kochen

Zubereitung:

1. Das Kokosöl bei mittlerer Hitze in einen großen Topf geben.
2. Die Garnelen, Zwiebeln, Schalotten und Knoblauch dazugeben und garen, bis die Garnelen durch und rosa sind.
3. Die restlichen Zutaten außer dem Salz und schwarzem Pfeffer zugeben und zum Kochen bringen.
4. Die Hitze auf kleine Flamme reduzieren und 30 Minuten köcheln lassen.
5. Mit Salz und schwarzem Pfeffer würzen und servieren.

SERVIERVORSCHLÄGE

FÜR EINE WÜRZIGERE SUPPE MIT EINER PRISE CAYENNEPFEFFER SERVIEREN.

Kalte Suppen

VEGETARIER

ERFRISCHENDE CREMIGE MINZSUPPE (V)(H)

Portionen: 4

Vorbereitungsdauer: 10 minuten + 1 Stunde Abkühlzeit

Kochdauer: Keine

Schwierigkeitsgrad: 1

Kosten: $$

Zutaten:

- 1 reife Avocado
- ½ Gurke, geschnitten
- 240ml ungesüßte Vollfett-Kokosmilch
- 1 Esslöffel frisch gehackte Minzblätter
- 1 Esslöffel frisch gepresster Zitronensaft
- Prise Salz

Zubereitung:

1. Alle Zutaten in einen Mixer geben und cremig rühren.
2. Vor dem Servieren 1 Stunde im Kühlschrank abkühlen lassen.

Kalorien: 248
Kohlenhydrate: 9g
Ballaststoffe: 5g
Net Kohlenhydrate: 4g
Fett: 24g
Eiweis: 3g

Kalorien aus:
Kohlenhydrate: 7%
Fettenn: 89%
Eiweis: 5%

GUACAMOLE-SUPPE (H)

Portionen: 4

Vorbereitungsdauer: 10 minuten + 1 Stunde Abkühlzeit

Kochdauer: Keine

Schwierigkeitsgrad: 1

Kosten: $$

Kalorien: 289
Kohlenhydrate: 10g
Ballaststoffe: 7g
Net Kohlenhydrate: 3g
Fett: 26g
Eiweis: 6g

Kalorien aus:
Kohlenhydrate: 4%
Fettenn: 87%
Eiweis: 9%

Zutaten:

- 690ml Hühnerbrühe
- 110g Crème Double
- 2 reife entkernte Avocados
- 30g frisch gehackter Koriander
- 1 Tomate, gehackt
- Salz & schwarzer Pfeffer, nach Geschmack

Zubereitung:

1. Alle Zutaten in einen Mixer geben und cremig rühren.
2. Vor dem Servieren 1 Stunde im Kühlschrank abkühlen lassen.

VEGETARIER

KRÄUTERCREMESUPPE (V)(H)

Portionen: 6

Vorbereitungsdauer: 10 minuten + 1 Stunde Abkühlzeit

Kochdauer: Keine

Schwierigkeitsgrad: 1

Kosten: $$

Kalorien: 233
Kohlenhydrate: 6g
Ballaststoffe: 1g
Net Kohlenhydrate: 5g
Fett: 23g
Eiweis: 3g

Kalorien aus:
Kohlenhydrate: 8%
Fettenn: 87%
Eiweis: 5%

Zutaten:

- 450g Crème Double
- 200g Sour Cream
- 1 Gurke, gewürfelt
- 1 Esslöffel würziger brauner Senf
- 1 Esslöffel Meerrettich
- 2 Esslöffels frisch gehackte Petersilie
- 2 Esslöffels frisch gehackter Dill
- 2 Esslöffels frisch gehackte Minze
- Salz & schwarzer Pfeffer, nach Geschmack

Zubereitung:

1. Alle Zutaten außer die Gurke in eine große Schüssel geben. Verwenden Sie einen Pürierstab und mischen Sie sie zu einem glatten Ganzen.
2. Die Gurke unterrühren und vor dem Servieren mindestens 1 Stunde im Kühlschrank abkühlen lassen.

JOGHURT-DILL SUPPE (V)(M)

VEGETARIER

Portionen: 8

Vorbereitungsdauer: 15 minuten + 2 Stunde Abkühlzeit

Kochdauer: Keine

Schwierigkeitsgrad: 1

Kosten: $$

Kalorien: 101
Kohlenhydrate: 6g
Ballaststoffe: 0g
Net Kohlenhydrate: 6g
Fett: 5g
Eiweis: 11g

Kalorien aus:
Kohlenhydrate: 21%
Fettenn: 40%
Eiweis: 39%

Zutaten:

- 920g ungesüßter griechischer Vollfett-Joghurt
- 460ml sehr kaltes Wasser (es ist am besten, das Wasser ein paar Stunden vor der Zubereitung der Suppe zu kühlen)
- 2 Knoblauchzehen, gehackt
- 15g frisch gehackte Petersilie
- 15g Frisch gehackter Dill
- 2 Esslöffel frisch gehackte Minze
- Salz & schwarzer Pfeffer, nach Geschmack

Zubereitung:

1. Alle Zutaten in eine große Rührschüssel geben. Verwenden Sie einen Pürierstab und mischen Sie sie zu einem glatten Ganzen.
2. Vor dem Servieren 2 Stunden im Kühlschrank abkühlen.

ROSMARIN & THYMIAN GURKENSUPPE (H)

Portionen: 6

Vorbereitungsdauer: 15 minuten + 1 Stunde Abkühlzeit

Kochdauer: Keine

Schwierigkeitsgrad: 1

Kosten: $$

Kalorien: 111
Kohlenhydrate: 5g
Ballaststoffe: 1g
Net Kohlenhydrate: 4g
Fett: 9g
Eiweis: 4g

Kalorien aus:
Kohlenhydrate: 14%
Fettenn: 72%
Eiweis: 14%

Zutaten:

- 920ml Hühnerbrühe
- 225g Crème Double
- 2 Gurken, geschnitten
- 1 Teelöffel frisch gehackter Rosmarin
- 1 Teelöffel frisch gehackter Thymian
- 1 Prise Salz & schwarzer Pfeffer, nach Geschmack

Zubereitung:

1. Alle Zutaten in eine große Schüssel geben und gut verrühren.
2. Verwenden Sie einen Pürierstab und mischen Sie sie zu einem glatten Ganzen.
3. Vor dem Servieren 1 Stunde lang kühl stellen.

CREMIGE KORIANDER & LIMETTENSUPPE (V)(H)

VEGETARIER

Portionen: 6

Vorbereitungsdauer: 15 minuten + 1 Stunde Abkühlzeit

Kochdauer: Keine

Schwierigkeitsgrad: 1

Kosten: $$

Kalorien: 232
Kohlenhydrate: 7g
Ballaststoffe: 5g
Net Kohlenhydrate: 2g
Fett: 21g
Eiweis: 5g

Kalorien aus:
Kohlenhydrate: 4%
Fettenn: 87%
Eiweis: 9%

Zutaten:

- 920ml Gemüsebrühe
- 225g Crème Double
- 2 reife Avocados, entkernt und geschnitten
- 30g frisch gehackter Koriander
- 2 Esslöffels frisch gepresster Limettensaft
- ½ Teelöffel Meersalz

Zubereitung:

1. Alle Zutaten in eine große Schüssel geben und gut verrühren.
2. Verwenden Sie einen Pürierstab und mischen Sie sie zu einem glatten Ganzen.
3. Vor dem Servieren 1 Stunde lang kühl stellen.

Schnelle & einfache Suppen - 5 oder weniger Zutaten

VEGETARIER

SCHNELLE SPARGELCREMESUPPE (V)(H)

Portionen: 4
Vorbereitungsdauer: 15 minuten
Kochdauer: 30 minuten
Schwierigkeitsgrad: 1
Kosten: $$

Kalorien: 158
Kohlenhydrate: 5g
Ballaststoffe: 1g
Net Kohlenhydrate: 4g
Fett: 13g
Eiweis: 7g

Kalorien aus:
Kohlenhydrate: 10%
Fettenn: 73%
Eiweis: 17%

Zutaten:

- 920ml Gemüsebrühe
- 225g Crème Double
- 1 Bund Spargel, in 2,5cm-Stücke geschnitten
- 2 Knoblauchzehen, gehackt
- 1 Prise Meersalz

Zubereitung:

1. Alle Zutaten außer der Crème Double bei mittlerer Hitze in einen Kochtopf geben und zum Kochen bringen. Auf kleine Flamme reduzieren und 30 Minuten köcheln lassen.
2. Die Crème Double erwärmen und dann in die Suppe rühren.
3. Verwenden Sie einen Pürierstab und mischen Sie die Suppe zu einem glatten Ganzen.

FRISCHKÄSE & SCHNITTLAUCH HÜHNER-NUDEL-SUPPE (H)

Portionen: 8

Vorbereitungsdauer: 15 minuten

Kochdauer: 120 minuten- 6 stunden

Schwierigkeitsgrad: 1

Kosten: $$

Kalorien: 602
Kohlenhydrate: 2g
Ballaststoffe: 0g
Net Kohlenhydrate: 2g
Fett: 45g
Eiweis: 46g

Kalorien aus:
Kohlenhydrate: 1%
Fettenn: 68%
Eiweis: 31%

Zutaten:

- 1380ml Hühnerbrühe
- 225g Crème Double
- 225g Frischkäse
- 1 ganzes Huhn
- 2 Esslöffels frisch gehackter Schnittlauch
- Salz & schwarzer Pfeffer, nach Geschmack

Zubereitung:

1. Das ganze Huhn in einen Schongarer oder Schnellkochtopf geben.
2. Die Hühnerbrühe hinzufügen.
3. Wenn Sie einen Sofortkochtopf verwenden, schließen Sie das Ventil dicht und stellen Sie es in der manuellen Einstellung auf 120 Minuten ein. Wenn Sie einen Schongarer verwenden, kochen Sie es 6 Stunden lang auf niedriger Stufe.
4. Nach dem Kochen das Huhn herausnehmen und in Streifen schneiden. Das Fleisch wieder in die Suppe geben und umrühren.
5. Die Crème Double erwärmen und den frischkäse und die Crème Double einrühren und verrühren.
6. Mit frischem Schnittlauch servieren, mit Salz und schwarzem Pfeffer würzen und servieren.

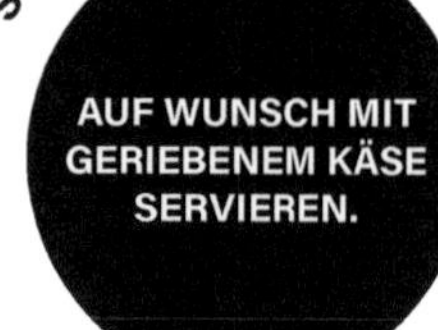

WÜRZIGE WURSTSUPPE (M)

Portionen: 4
Vorbereitungsdauer: 10 minuten
Kochdauer: 40 minuten
Schwierigkeitsgrad: 1
Kosten: $$

Kalorien: 107
Kohlenhydrate: 6g
Ballaststoffe: 1g
Net Kohlenhydrate: 5g
Fett: 6g
Eiweis: 8g

Kalorien aus:
Kohlenhydrate: 19%
Fettenn: 51%
Eiweis: 30%

Zutaten:

- 920ml Hühnerbrühe
- 4 Würstchen, geschnitten
- 180g Blumenkohlröschen
- 1 Zwiebel, gehackt
- 1 Teelöffel Paprika
- Meersalz & Pfeffer, nach Geschmack

Zubereitung:

1. Alle Zutaten außer dem Salz und schwarzem Pfeffer bei mittlerer Hitze in einen Kochtopf geben und zum Kochen bringen. Auf kleine Flamme reduzieren und 40 Minuten köcheln lassen.
2. Mit Salz und schwarzem Pfeffer würzen und servieren.

GEMÜSE-RINDFLEISCHSUPPE (M)

Portionen: 6
Vorbereitungsdauer: 10 minuten
Kochdauer: Keine
Schwierigkeitsgrad: 1
Kosten: $$

Kalorien: 270
Kohlenhydrate: 6g
Ballaststoffe: 2g
Net Kohlenhydrate: 4g
Fett: 14g
Eiweis: 29g

Kalorien aus:
Kohlenhydrate: 6%
Fettenn: 49%
Eiweis: 45%

Zutaten:

- 1380ml Rinderbrühe
- 225g Crème Double
- 450g mageres Rinderhackfleisch
- 180g gefrorenes Mischgemüse
- 1 Zwiebel, gehackt
- Salz & schwarzer Pfeffer, nach Geschmack

Zubereitung:

1. Alle Zutaten außer dem Salz, schwarzem Pfeffer und der Crème Double zugeben und zum Kochen bringen. Die Hitze auf kleine Flamme reduzieren und 40 Minuten garen.
2. Bevor die Suppe gar ist, erwärmen Sie die Crème Double und geben sie hinzu, sobald die Suppe gar ist.
3. Mit Salz und schwarzem Pfeffer würzen und servieren.

VEGETARIER

Portionen: 6
Vorbereitungsdauer: 10 minuten
Kochdauer: 40 minuten
Schwierigkeitsgrad: 1
Kosten: $$

Kalorien: 129
Kohlenhydrate: 6g
Ballaststoffe: 2g
Net Kohlenhydrate: 4g
Fett: 9g
Eiweis: 7g

Kalorien aus:
Kohlenhydrate: 13%
Fettenn: 65%
Eiweis: 22%

BLUMENKOHL-KNOBLAUCHSUPPE (V)(H)

Zutaten:

- 1380ml Gemüsebrühe
- 225g Crème Double
- 1 Blumenkohl, in Röschen geschnitten
- 4 Knoblauchzehen, gehackt
- 1 Zwiebel, gehackt
- Salz & schwarzer Pfeffer, nach Geschmack

Zubereitung:

1. Alle Zutaten außer dem Salz, schwarzem Pfeffer und der Crème Double zugeben und zum Kochen bringen. Die Hitze auf kleine Flamme reduzieren und 40 Minuten garen.
2. Bevor die Suppe gar ist, erwärmen Sie die Crème Double und geben sie hinzu, sobald die Suppe gar ist.
3. Mit einem Pürierstab pürieren. Mit Salz und schwarzem Pfeffer würzen und servieren.

CREMIGE BROKKOLI- UND SPECKSUPPE (H)

Portionen: 6
Vorbereitungsdauer: 10 minuten
Kochdauer: 40 minuten
Schwierigkeitsgrad: 1
Kosten: $$

Kalorien: 175
Kohlenhydrate: 4g
Ballaststoffe: 1g
Net Kohlenhydrate: 3g
Fett: 14g
Eiweis: 9g

Kalorien aus:
Kohlenhydrate: 7%
Fettenn: 72%
Eiweis: 21%

Zutaten:

- 920ml Hühnerbrühe
- 225g Crème Double
- 1 Brokkoli, in Röschen geschnitten
- 2 Knoblauchzehen, gehackt
- 4 Scheiben Bacon, gehackt
- Salz & schwarzer Pfeffer, nach Geschmack

Zubereitung:

1. Alle Zutaten außer dem Salz, schwarzem Pfeffer und der Crème Double zugeben und zum Kochen bringen. Die Hitze auf kleine Flamme reduzieren und 40 Minuten garen.
2. Erwärmen Sie die Crème Double und geben sie hinzu.
3. Mit Salz und schwarzem Pfeffer würzen und servieren.

PUTEN, WURST & GRÜNKOHL-SUPPE (M)

Portionen: 6
Vorbereitungsdauer: 10 minuten
Kochdauer: 40 minuten
Schwierigkeitsgrad: 1
Kosten: $$

Kalorien: 215
Kohlenhydrate: 4g
Ballaststoffe: 1g
Net Kohlenhydrate: 3g
Fett: 11g
Eiweis: 27g

Kalorien aus:
Kohlenhydrate: 5%
Fettenn: 45%
Eiweis: 49%

Zutaten:

- 1380ml Hühnerbrühe
- 450g Putenhackfleisch
- 2 Putenwürste, geschnitten
- 300g Grünkohl, gehackt
- 1 Zwiebel, gehackt
- Salz & schwarzer Pfeffer, nach Geschmack

Zubereitung:

1. Alle Zutaten außer dem Salz und schwarzem Pfeffer in einen Kochtopf geben und zum Kochen bringen. Die Hitze auf kleine Flamme reduzieren und 40 Minuten köcheln lassen.
2. Mit Salz und schwarzem Pfeffer würzen und servieren.

Vegetarische Komfort-Eintöpfe

VEGETARIER

VEGETARISCHER KÜRBIS-GRÜNKOHL-EINTOPF (V)(N)

Portionen: 6
Vorbereitungsdauer: 10 minuten
Kochdauer: 40 minuten
Schwierigkeitsgrad: 1
Kosten: $$

Kalorien: 62
Kohlenhydrate: 9g
Ballaststoffe: 2g
Net Kohlenhydrate: 7g
Fett: 1g
Eiweis: 4g

Kalorien aus:
Kohlenhydrate: 53%
Fettenn: 17%
Eiweis: 30%

Zutaten:

- 920ml Gemüsebrühe
- 400g Kürbis, gewürfelt
- 2 Karotten, gehackt
- 1 Zwiebel, gehackt
- 2 Knoblauchzehen, gehackt
- 300g Grünkohl, gehackt
- Salz & schwarzer Pfeffer, nach Geschmack

Zubereitung:

1. Alle Zutaten außer dem Salz und schwarzem Pfeffer in einen Kochtopf geben und zum Kochen bringen. Die Hitze auf kleine Flamme reduzieren und 40 Minuten köcheln lassen.
2. Mit Salz und schwarzem Pfeffer würzen und servieren.

CHILI OHNE BOHNEN (V)(N)

VEGETARIER

Portionen: 6

Vorbereitungsdauer: 10 minuten

Kochdauer: 40 minuten

Schwierigkeitsgrad: 1

Kosten: $$

Kalorien: 61

Kohlenhydrate: 8g

Ballaststoffe: 2g

Net Kohlenhydrate: 6g

Fett: 1g

Eiweis: 5g

Kalorien aus:

Kohlenhydrate: 45%

Fettenn: 17%

Eiweis: 38%

Zutaten:

- 920ml Gemüsebrühe
- 110g Tomatenmark
- 48ml Balsamicoessig
- 1 Zwiebel, gehackt
- 1 grüne Paprika, entkernt und gehackt
- 2 Knoblauchzehen, gehackt
- 2 Teelöffel Chilipulver
- Salz & schwarzer Pfeffer, nach Geschmack

Zubereitung:

1. Alle Zutaten außer dem Salz und schwarzem Pfeffer in einen Kochtopf geben und zum Kochen bringen. Die Hitze auf kleine Flamme reduzieren und 40 Minuten köcheln lassen.
2. Mit Salz und schwarzem Pfeffer würzen und servieren.

VEGETARIER

Portionen: 6
Vorbereitungsdauer: 10 minuten
Kochdauer: 40 minuten
Schwierigkeitsgrad: 1
Kosten: $

Kalorien: 142
Kohlenhydrate: 8g
Ballaststoffe: 3g
Net Kohlenhydrate: 5g
Fett: 11g
Eiweis: 5g

Kalorien aus:
Kohlenhydrate: 14%
Fettenn: 71%
Eiweis: 14%

ENTZÜNDUNGSHEMMENDER KURKUMA-EINTOPF (V)(H)

Zutaten:

- 920ml Gemüsebrühe
- 1 Blumenkohl, in Röschen geschnitten
- 240ml Vollfett-Kokosmilch
- 2 Knoblauchzehen, gehackt
- 1 Zwiebel, gehackt
- 2 Teelöffel gemahlene Kurkuma
- 1 Teelöffel gemahlener Zimt
- 1 Teelöffel getrockneter Oregano
- Salz & schwarzer Pfeffer, nach Geschmack

Zubereitung:

1. Alle Zutaten außer dem Salz, schwarzem Pfeffer und der Kokosmilch in einen Kochtopf geben und zum Kochen bringen. Die Hitze auf kleine Flamme reduzieren und 40 Minuten köcheln lassen.
2. Die Kokosmilch unterrühren.
3. Mit Salz und schwarzem Pfeffer würzen und servieren.

KRÄUTER-BROKKOLI-EINTOPF (V)(H)

VEGETARIER

Portionen: 6

Vorbereitungsdauer: 10 minuten

Kochdauer: 4 stunden

Schwierigkeitsgrad: 1

Kosten: $

Kalorien: 157
Kohlenhydrate: 9g
Ballaststoffe: 3g
Net Kohlenhydrate: 6g
Fett: 11g
Eiweis: 7g

Kalorien aus:
Kohlenhydrate: 16%
Fettenn: 66%
Eiweis: 19%

Zutaten:

- 1380ml Gemüsebrühe
- 240ml Vollfett-Kokosmilch
- 360g Brokkoliröschen
- 300g gewürfelte Dosentomaten (ohne Zuckerzusatz)
- 1 Zwiebel, gehackt
- 2 Knoblauchzehen, gehackt
- 1 Teelöffel getrockneter Salbei
- 1 Teelöffel getrockneter Oregano
- 1 Teelöffel getrockneter Rosmarin
- Salz & schwarzer Pfeffer, nach Geschmack

Zubereitung:

1. Alle Zutaten außer dem Salz, schwarzem Pfeffer und der Kokosmilch in einen Schongarer geben und 4 Stunden lang auf hoher Stufe garen.
2. Die Kokosmilch unterrühren und mit Salz und schwarzem Pfeffer würzen.

VEGETARIER

CREMIGER GEMISCHTER GEMÜSEEINTOPF (V)(H)

Portionen: 6
Vorbereitungsdauer: 15 minuten
Kochdauer: 4 stunden
Schwierigkeitsgrad: 1
Kosten: $$

Kalorien: 232
Kohlenhydrate: 6g
Ballaststoffe: 1g
Net Kohlenhydrate: 5g
Fett: 16g
Eiweis: 17g

Kalorien aus:
Kohlenhydrate: 9%
Fettenn: 62%
Eiweis: 29%

Zutaten:

- 920ml Gemüsebrühe
- 225g Crème Double
- 113g geriebener Parmesan
- 180g Brokkoliröschen, gehackt
- 300g gewürfelte Dosentomaten
- 1 Zwiebel, gehackt
- Salz & schwarzer Pfeffer, nach Geschmack

Zubereitung:

1. Alle Zutaten außer der Crème Double, dem Salz und schwarzen Pfeffers in einen Schongarer geben. 4 Stunden lang auf hoher Stufe garen.
2. Nach dem Kochen die Crème Double erwärmen und in den Eintopf geben.
3. Mit Salz und schwarzem Pfeffer würzen und servieren.

VEGETARIER

SPARGEL & PILZ MUSKATNUSS-EINTOPF (V)(H)

Portionen: 6
Vorbereitungsdauer: 10 minuten
Kochdauer: 4 stunden
Schwierigkeitsgrad: 1
Kosten: $$

Kalorien: 125
Kohlenhydrate: 5g
Ballaststoffe: 1g
Net Kohlenhydrate: 4g
Fett: 9g
Eiweis: 6g

Kalorien aus:
Kohlenhydrate: 13%
Fettenn: 67%
Eiweis: 20%

Zutaten:

- 1380ml Gemüsebrühe
- 225g Crème Double
- 190g Spargel, gehackt
- 230g Cremini-Pilze
- 2 Knoblauchzehen, gehackt
- 1 Zwiebel, gehackt
- ½ Teelöffel Muskatnuss
- Salz & schwarzer Pfeffer, nach Geschmack

Zubereitung:

1. Alle Zutaten außer der Crème Double, dem Salz und schwarzen Pfeffer in einen Schongarer geben und 4 Stunden lang auf hoher Stufe garen.
2. Nach dem Kochen die Crème Double erwärmen und dann in den Eintopf rühren.
3. Mit Salz und schwarzem Pfeffer würzen und servieren.

BALSAMICO-TOFU-EINTOPF (V)(M)

VEGETARIER

Portionen: 4
Vorbereitungsdauer: 10 minuten
Kochdauer: 20 minuten
Schwierigkeitsgrad: 1
Kosten: $

Kalorien: 141
Kohlenhydrate: 8g
Ballaststoffe: 2g
Net Kohlenhydrate: 6g
Fett: 8g
Eiweis: 11g

Kalorien aus:
Kohlenhydrate: 17%
Fettenn: 51%
Eiweis: 31%

Zutaten:

- 460ml Gemüsebrühe
- 48ml Balsamicoessig
- 300g fester Tofu, gewürfelt
- 1 grüne Paprika, entkernt and gehackt
- 1 Zwiebel, gehackt
- 1 Teelöffel Knoblauchpulver
- 1 Esslöffel Kokosöl, zum Kochen
- Salz & schwarzer Pfeffer, nach Geschmack

Zubereitung:

1. Das Kokosöl bei mittlerer Hitze in eine Pfanne geben und Tofu, Paprika und Zwiebel ca. 10 Minuten anbraten.
2. Gemüsebrühe, Balsamico und Knoblauchpulver dazugeben und köcheln lassen. Weitere 10 Minuten oder bis der Eintopf zu binden beginnt garen.
3. Mit Salz und schwarzem Pfeffer würzen und servieren.

Fleischbasierte Komfort-Eintöpfe

BALSAMICO-RINDEREINTOPF (M)

Portionen: 6
Vorbereitungsdauer: 10 minuten
Kochdauer: 6 stunden
Schwierigkeitsgrad: 1
Kosten: $

Kalorien: 188
Kohlenhydrate: 5g
Ballaststoffe: 1g
Net Kohlenhydrate: 4g
Fett: 7g
Eiweis: 25g

Kalorien aus:
Kohlenhydrate: 9%
Fettenn: 35%
Eiweis: 56%

Zutaten:

- 450g Lendensteak, gewürfelt
- 1 rote Zwiebel, geschnitten
- 3 Knoblauchzehen, gehackt
- 2 Karotten, gehackt
- 48ml Balsamicoessig
- 230ml Rinderbrühe
- 15g Petersilie, frisch gehackt
- 1 Teelöffel Salz
- ¼ Teelöffel schwarzer Pfeffer
- 50g Sour Creme, zum Servieren

Zubereitung:

1. Das Steak in einen Schongarer geben und 10 Minuten garen lassen.
2. Die restlichen Zutaten zugeben und bei niedriger Temperatur 6 Stunden garen.
3. Mit einer Portion Sour Creme pro Portion servieren.

MAC & CHEESE-EINTOPF (M)

Portionen: 6
Vorbereitungsdauer: 10 minuten
Kochdauer: 4 stunden
Schwierigkeitsgrad: 1
Kosten: $

Kalorien: 318
Kohlenhydrate: 7g
Ballaststoffe: 1g
Net Kohlenhydrate: 6g
Fett: 17g
Eiweis: 33g

Kalorien aus:
Kohlenhydrate: 8%
Fettenn: 50%
Eiweis: 43%

Zutaten:

- 450g mageres Rinderhackfleisch
- 400g Butternusskürbis, gewürfelt
- 1 Zwiebel, gehackt
- 3 Knoblauchzehen, gehackt
- 240g geriebener Cheddarkäse
- 180g Brokkoliröschen, gehackt
- 1 Teelöffel getrockneter Thymian
- Salz & schwarzer Pfeffer, nach Geschmack

Zubereitung:

1. Alle Zutaten außer dem Salz und schwarzen Pfeffer in einen Schongarer geben und 4 Stunden lang auf hoher Stufe garen.
2. Mit Salz und schwarzem Pfeffer würzen und servieren.

PUTE, ZWIEBEL & SALBEI-EINTOPF (M)

Portionen: 6
Vorbereitungsdauer: 10 minuten
Kochdauer: 4 stunden
Schwierigkeitsgrad: 1
Kosten: $

Kalorien: 189
Kohlenhydrate: 3g
Ballaststoffe: 1g
Net Kohlenhydrate: 2g
Fett: 10g
Eiweis: 24g

Kalorien aus:
Kohlenhydrate: 4%
Fettenn: 46%
Eiweis: 49%

Zutaten:

- 450g Putenhackfleisch
- 1 Zwiebel, gehackt
- 3 Knoblauchzehen, gehackt
- 240g geriebener Mozzarella
- 90g frischer Spinat
- 2 Teelöffel getrockneter Salbei
- 1 Teelöffel getrockneter Oregano
- Salz & schwarzer Pfeffer, nach Geschmack
- Wasser

Zubereitung:

1. Alle Zutaten außer dem Salz und schwarzen Pfeffer in einen Schongarer geben und mit ca. 50ml Wasser bedecken. 4 Stunden lang auf hoher Stufe garen.
2. Mit Salz und schwarzem Pfeffer würzen und servieren.

TOMATEN-GEMÜSE-RINDFLEISCH-EINTOPF (M)

Portionen: 6
Vorbereitungsdauer: 10 minuten
Kochdauer: 4 stunden
Schwierigkeitsgrad: 1
Kosten: $$

Kalorien: 450
Kohlenhydrate: 6g
Ballaststoffe: 1g
Net Kohlenhydrate: 5g
Fett: 14g
Eiweis: 70g

Kalorien aus:
Kohlenhydrate: 5%
Fettenn: 30%
Eiweis: 66%

Zutaten:

- 450g Rindfleisch, gewürfelt
- 300g gewürfelte Dosentomaten
- 1 Zwiebel, gehackt
- Esslöffels Schalotte, gehackt
- 2 Knoblauchzehen, gehackt
- 1 Karotte, gehackt
- 300g Grünkohl, gehackt
- 1 Teelöffel getrockneter Thymian
- Salz & schwarzer Pfeffer, nach Geschmack
- Wasser

Zubereitung:

1. Alle Zutaten außer dem Salz und schwarzen Pfeffer in einen Schongarer geben und mit ca. 50ml Wasser bedecken. 4 Stunden lang auf hoher Stufe garen.
2. Mit Salz und schwarzem Pfeffer würzen und servieren.

HAMBURGER RINDEREINTOPF (M)

Portionen: 6
Vorbereitungsdauer: 10 minuten
Kochdauer: 4 stunden
Schwierigkeitsgrad: 1
Kosten: $

Kalorien: 324
Kohlenhydrate: 7g
Ballaststoffe: 2g
Net Kohlenhydrate: 5g
Fett: 18g
Eiweis: 34g

Kalorien aus:
Kohlenhydrate: 5%
Fettenn: 30%
Eiweis: 66%

Zutaten:

- 450g mageres Rinderhackfleisch
- 60ml Rinderbrühe
- 125g Tomatenmark
- 150g gewürfelte Dosentomaten
- 1 Zwiebel, gehackt
- 240g geriebener Cheddarkäse
- 1 Teelöffel italienische Gewürze
- Salz & schwarzer Pfeffer, nach Geschmack

Zubereitung:

1. Alle Zutaten außer dem Salz und schwarzen Pfeffer in einen Schongarer geben und mit ca. 50ml Wasser bedecken. 4 Stunden lang auf hoher Stufe garen.
2. Mit Salz und schwarzem Pfeffer würzen und servieren.

HERBSTERNTE-EINTOPF (M)

Portionen: 6

Vorbereitungsdauer: 10 minuten

Kochdauer: 4 stunden

Schwierigkeitsgrad: 1

Kosten: $$

Kalorien: 457
Kohlenhydrate: 8g
Ballaststoffe: 3g
Net Kohlenhydrate: 5g
Fett: 14g
Eiweis: 70g

Kalorien aus:
Kohlenhydrate: 5%
Fettenn: 30%
Eiweis: 66%

Zutaten:

- 450g Rindfleisch, gewürfelt
- 60ml Rinderbrühe
- 48ml Balsamicoessig
- 400g Butternusskürbis, gewürfelt
- 1 Karotte, gehackt
- 1 Zwiebel, gehackt
- 3 Knoblauchzehen, gehackt
- 300g Grünkohl, gehackt
- 1 Teelöffel getrockneter Thymian
- 1 Teelöffel getrockneter Oregano
- 1 Teelöffel getrockneter Salbei
- Salz & schwarzer Pfeffer, nach Geschmack

Zubereitung:

1. Alle Zutaten außer dem Salz und schwarzen Pfeffer in einen Schongarer geben und mit ca. 50ml Wasser bedecken. 4 Stunden lang auf hoher Stufe garen.
2. Mit Salz und schwarzem Pfeffer würzen und servieren.

Beilagen

VEGETARIER

PIKANTE ZWIEBELRINGE (V)(M)

Portionen: 4
Vorbereitungsdauer: 15 minuten
Kochdauer: 20 minuten
Schwierigkeitsgrad: 2
Kosten: $

Kalorien: 51
Kohlenhydrate: 4g
Ballaststoffe: 1g
Net Kohlenhydrate: 3g
Fett: 3g
Eiweis: 3g

Kalorien aus:
Kohlenhydrate: 24%
Fettenn: 53%
Eiweis: 24%

Zutaten:

- 1 große Zwiebel, in Ringe geschnitten
- 48g Mandelmehl
- 1 Ei
- ½ Teelöffel Knoblauchpulver
- 1 Teelöffel Paprika
- 1 Teelöffel Cayennepfeffer
- 1 Teelöffel Salz

Zubereitung:

1. Den Ofen auf 200°C vorheizen und ein Backblech mit Backpapier auslegen.
2. Das Ei in eine Rührschüssel geben und dann das Mandelmehl und die Gewürze in eine andere Schüssel geben. Die Mandelmehlmischung gut umrühren.
3. Die geschnittenen Zwiebeln in die Eiermasse tauchen, dann die Mandelmischung, die beide Seiten der geschnittenen Zwiebeln bedeckt.
4. Die Zwiebelringe auf das Backblech geben ca. 10 Minuten auf jeder Seite oder bis sie knusprig sind backen.

SERVIERVORSCHLÄGE

MIT IHREM LIEBLINGS-LOW CARB-FREUNDLICHEN DIP SERVIEREN.

VEGETARIER

KAROTTENPOMMES MIT KRÄUTERSAUCE (V)(H)

Portionen: 5
Vorbereitungsdauer: 5 minuten
Kochdauer: 25 minuten
Schwierigkeitsgrad: 2
Kosten: $

Kalorien: 225
Kohlenhydrate: 8g
Ballaststoffe: 4g
Net Kohlenhydrate: 4g
Fett: 21g
Eiweis: 4g

Kalorien aus:
Kohlenhydrate: 7%
Fettenn: 86%
Eiweis: 7%

Zutaten:

Fries

- 5 Karotten
- 1 Esslöffel Butter, geschmolzen
- 3 Esslöffels Olivenöl
- Salz & Pfeffer, nach Geschmack

Herb Sauce

- 5 Esslöffel Sour Cream
- 5 Esslöffel Crème Double
- 1 Esslöffel frischer Thymian, gehackt
- 1 Teelöffel frischer Oregano, gehackt
- ¼ Teelöffel frischer Rosmarin, gehackt
- 4 Esslöffel Parmesan, gerieben
- Salz & schwarzer Pfeffer nach Geschmack

Zubereitung:

1. Den Ofen auf 180°C vorheizen. Bereiten Sie ein Backblech mit Backpapier oder Antihaft-Kochspray vor.
2. Die Karotten in gleichmäßige Stücke von etwa der Größe von Pommes frites schneiden.

Weiter auf der nächsten Seite ▶

KAROTTENPOMMES MIT KRÄUTERSAUCE (V)(H)

VEGETARIER

Portionen: 5
Vorbereitungsdauer: 5 minuten
Kochdauer: 25 minuten
Schwierigkeitsgrad: 2
Kosten: $

Kalorien: 225
Kohlenhydrate: 8g
Ballaststoffe: 4g
Net Kohlenhydrate: 4g
Fett: 21g
Eiweis: 4g

Kalorien aus:
Kohlenhydrate: 7%
Fettenn: 86%
Eiweis: 7%

3. In eine große Rührschüssel geben und mit Olivenöl, geschmolzener Butter, Salz und schwarzem Pfeffer mischen. Auf das vorbereitete Backblech geben und ca. 30 Minuten backen, nach der Hälfte umdrehen.
4. Während die Karotten backen, die Kräutersauce zubereiten, indem man die Sour Cream mit der Crème Double, dem Käse und den frischen Kräutern kombiniert. Mit Salz und schwarzem Pfeffer abschmecken. Mischen, bis alles glatt ist.
5. Die Pommes aus dem Ofen nehmen und zusammen mit der Kräutersauce servieren.

KOCHTIPP

Es ist nicht nötig, die Karotten zu schälen. Waschen Sie sie und schneiden Sie sie mit der Schale in Pommes.

Da die Kräutersauce kalt serviert wird, bereiten Sie sie vorab zu und kühlen Sie sie.

SPECK & AVOCADO TEUFELSEIER (H)

Portionen: 3

Vorbereitungsdauer: 15 minuten + kühle Zeit

Kochdauer: 15 minuten

Schwierigkeitsgrad: 2

Kosten: $$

Kalorien: 455
Kohlenhydrate: 8g
Ballaststoffe: 5g
Net Kohlenhydrate: 3g
Fett: 37g
Eiweis: 25g

Kalorien aus:
Kohlenhydrate: 3%
Fettenn: 75%
Eiweis: 22%

Zutaten:

- 1 reife Avocado
- 4 große gekochte Eier
- 4 Scheiben Bacon, gekocht und zerkrümelt
- 1 rote Chilipaprika, entkernt und gehackt
- 1 Knoblauchzehe, gehackt
- 2 Esslöffels Zitronensaft
- Salz & schwarzer Pfeffer nach Geschmack

Zubereitung:

1. Die Eier schälen, in Längsrichtung halbieren und die Eigelbe in eine Rührschüssel geben.
2. Avocado, Chili, Knoblauch und Zitronensaft in die Schüssel geben.
3. Mit einer Gabel zerdrücken, bis eine gute Mischung erreicht ist. Mit Salz und schwarzem Pfeffer würzen.
4. Die Mischung in die Eiweiße füllen und mit dem zerbröckelten Speck bedecken.
5. Abkühlen lassen oder sofort servieren.

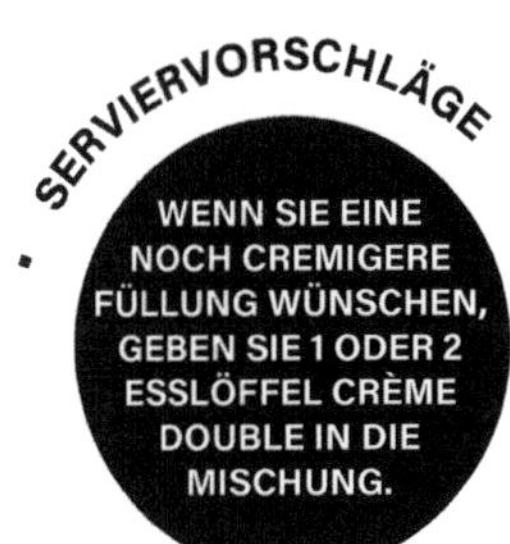

PIZZAROLLEN MIT SCHINKEN UND KÄSE (H)

Portionen: 5
Vorbereitungsdauer: 15 minuten
Kochdauer: 30 minuten
Schwierigkeitsgrad: 2
Kosten: $$

Kalorien: 492
Kohlenhydrate: 6g
Ballaststoffe: 2g
Net Kohlenhydrate: 4g
Fett: 35g
Eiweis: 35g

Kalorien aus:
Kohlenhydrate: 3%
Fettenn: 67%
Eiweis: 30%

Zutaten:

Teig

- 90g Parmesan
- 120g Mozzarella
- 3 Eiweiß
- 69g Kokosmehl
- 225g Crème Double

Füllung

- 150g Kochschinken, geschnitten
- 150g Gouda, geschnitten
- 5 Esslöffel Tomatensauce
- 1 Teelöffel gemahlener schwarzer Pfeffer, als Topping

Zubereitung:

1. Den Ofen auf 200°C vorheizen und ein Backblech mit Backpapier auslegen.
2. In einer Küchenmaschine die Zutaten für den Boden vermengen und verarbeiten, bis sich ein glatter Teig bildet. Möglicherweise müssen Sie Wasser, einen Esslöffel nach dem anderen, hinzufügen, um dieses Ergebnis zu erzielen.
3. Den Teig in eine rechteckige Form auf das vorbereitete Backblech legen. Ca. 15 Minuten backen. Aus dem Ofen nehmen und leicht abkühlen lassen.

Portionen: 5
Vorbereitungsdauer: 15 minuten
Kochdauer: 30 minuten
Schwierigkeitsgrad: 2
Kosten: $$

Kalorien: 492
Kohlenhydrate: 6g
Ballaststoffe: 2g
Net Kohlenhydrate: 4g
Fett: 35g
Eiweis: 35g

Kalorien aus:
Kohlenhydrate: 3%
Fettenn: 67%
Eiweis: 30%

4. Die Tomatensauce gleichmäßig über den Teig verteilen. Mit dem geschnittenen Schinken und dem Gouda bestreuen.
5. Den Teig vorsichtig zu einer Wurst zusammenrollen. Die Wurst in 5 gleichmäßige Stücke schneiden und jeweils wieder auf das Backblech legen. Mit gemahlenem schwarzem Pfeffer bestreuen.
6. Nochmals ca. 10 Minuten backen, bis der Teig goldbraun und der Käse geschmolzen ist.

KOCHTIPP

Nach dem ersten Backen sollte der Teig weich, aber trocken sein. Warten Sie, bis der Teig etwas abgekühlt ist, bevor Sie ihn rollen, da dies verhindert, dass der Teig auseinander fällt.

Cremige Suppen, sämige Suppen und Brühen

HUMMER-CREMESUPPE (M)

Portionen: 6
Vorbereitungsdauer: 10 minuten
Kochdauer: 13-15 minuten
Schwierigkeitsgrad: 1
Kosten: $$

Kalorien: 187
Kohlenhydrate: 6g
Ballaststoffe: 1g
Net Kohlenhydrate: 5g
Fett: 11g
Eiweis: 15g

Kalorien aus:
Kohlenhydrate: 11%
Fettenn: 55%
Eiweis: 34%

Zutaten:

- 340g gekochter Hummer, gehackt
- 920ml Hühnerbrühe
- 225g Crème Double
- 1 Dose gewürfelte Tomaten
- 1 Zwiebel, gehackt
- 2 Knoblauchzehen, gehackt
- ½ Teelöffel Paprika
- ½ Teelöffel Salz
- ¼ Teelöffel schwarzer Pfeffer
- 1 Esslöffel Kokosöl, zum Kochen

Zubereitung:

1. Das Kokosöl bei mittlerer Hitze in einen Kochtopf geben.
2. Knoblauch und Zwiebel 3 bis 5 Minuten anbraten.
3. Hühnerbrühe, Tomatenwürfel und Gewürze dazugeben und zum Kochen bringen.
4. Auf kleine Flamme reduzieren und 10 Minuten köcheln lassen.
5. Die Crème Double erwärmen und zur Suppe geben.
6. Verwenden Sie einen Pürierstab um die Suppe cremig rühren.
7. Den gekochten Hummer unterrühren und servieren.

WEIßE MUSCHELSUPPE (M)

Portionen: 10

Vorbereitungsdauer: 10 minuten

Kochdauer: 6 stunden

Schwierigkeitsgrad: 1

Kosten: $$

Kalorien: 110
Kohlenhydrate: 5g
Ballaststoffe: 0g
Net Kohlenhydrate: 5
Fett: 6g
Eiweis: 11g

Kalorien aus:
Kohlenhydrate: 17%
Fettenn: 46%
Eiweis: 37%

Zutaten:

- 570g ganze Baby-Muscheln in Dosen, abgegossen
- 60ml reduzierte Natrium-Hühnerbrühe
- 100ml Wasser
- 225g Crème Double
- 113g Frischkäse
- 1 süße Zwiebel, gehackt
- 1 Schalotte, gehackt
- 2 Knoblauchzehen, gehackt
- 1 Teelöffel Thymian
- 1 Teelöffel Salz

Zubereitung:

1. Alle Zutaten außer der Crème Double und dem Frischkäse in einen Schongarer geben. 6 Stunden lang auf niedriger Stufe garen.
2. Die Crème Double erwärmen und dann den Frischkäse und die erwärmte Sahne unterrühren.

CHAMPIGNON & SPECK-SUPPE (H)

Portionen: 6
Vorbereitungsdauer: 10 minuten
Kochdauer: 4 stunden
Schwierigkeitsgrad: 1
Kosten: $$

Kalorien: 373
Kohlenhydrate: 5g
Ballaststoffe: 1g
Net Kohlenhydrate: 4g
Fett: 32g
Eiweis: 16g

Kalorien aus:
Kohlenhydrate: 4%
Fettenn: 78%
Eiweis: 17%

Zutaten:

- 690ml Hühnerbrühe
- 225g Crème Double
- 225g Frischkäse
- 230g Cremini-Pilze
- 8 Scheiben Bacon, gehackt
- 1 Zwiebel, gehackt
- 2 Knoblauchzehen, gehackt
- 1 Teelöffel frisch gehackter Thymian
- Salz & schwarzer Pfeffer, nach Geschmack

Zubereitung:

1. Alle Zutaten außer der Crème Double und dem Frischkäse in einen Schongarer geben. 6 Stunden lang auf niedriger Stufe garen.
2. Die Crème Double erwärmen und dann den Frischkäse und die erwärmte Sahne unterrühren.

BLUMENKOHL MAC & CHEESE-SUPPE (H)

Portionen: 4
Vorbereitungsdauer: 10 minuten
Kochdauer: 4 stunden
Schwierigkeitsgrad: 1
Kosten: $$

Kalorien: 266
Kohlenhydrate: 6g
Ballaststoffe: 2g
Net Kohlenhydrate: 4g
Fett: 22g
Eiweis: 13g

Kalorien aus:
Kohlenhydrate: 6%
Fettenn: 74%
Eiweis: 20%

Zutaten:

- 1 Blumenkohl, in Röschen geschnitten
- 960ml Hühnerbrühe
- 225g Crème Double
- 120g geriebener Cheddarkäse
- 2 Knoblauchzehen, gehackt
- 1 Teelöffel frisch gehackter Thymian
- Salz & schwarzer Pfeffer, nach Geschmack

Zubereitung:

1. Alle Zutaten außer der Crème Double und dem Frischkäse in einen Schongarer geben. 4 Stunden lang auf niedriger Stufe garen.
2. Die Crème Double erwärmen und dann die erwärmte Sahne und den Käse unterrühren, bis die Suppe glatt ist.
3. Verwenden Sie einen Pürierstab und pürieren Sie sie zu einer cremigen und glatten Masse.

HÜHNERKNOCHENBRÜHE AUS DEM SCHNELLKOCHTOPF (N)

Portionen: 6
Vorbereitungsdauer: 10 minuten
Kochdauer: 120 minuten
Schwierigkeitsgrad: 1
Kosten: $$

Kalorien: 19
Kohlenhydrate: 4g
Ballaststoffe: 1g
Net Kohlenhydrate: 3g
Fett: 0g
Eiweis: 1g

Kalorien aus:
Kohlenhydrate: 75%
Fettenn: 0%
Eiweis: 25%

Zutaten:

- Knochen eines 2kg-Hühnchens
- 1 Zwiebel, geviertelt
- 4 Knoblauchzehen
- 1 große Karotte, halbiert
- 2 Stangen Sellerie, halbiert
- 1 Lorbeerblatt
- 1 Esslöffel Apfelessig
- 1 large Prise Salz
- 4 schwarzer Pfefferkörner
- Frisches Wasser

Zubereitung:

1. Geben Sie alle Zutaten in einen Schnellkochtopf und bedecken Sie sie mit genügend Wasser, um die Knochen und das Gemüse zu bedecken.
2. Setzen Sie den Deckel auf den Schnellkochtopf und stellen Sie sicher, dass das Ventil geschlossen ist.
3. Wählen Sie manuell und stellen Sie ihn auf 120 Minuten ein.
4. Sobald der Timer abgelaufen ist, lassen Sie den Druck natürlich entweichen. Lassen Sie die Brühe ziehen und abkühlen.
5. Die Brühe in Glasgefäße abseihen und einfrieren oder kühlen.

SERVIERVORSCHLÄGE

DIES IST EINE AUSGEZEICHNETE GRUNDLAGE FÜR JEDE SUPPE IN DIESEM BUCH, DIE HÜHNERBRÜHE VERWENDET.

RINDFLEISCH-KNOCHENBRÜHE AUS DEM SCHNELLKOCHTOPF (N)

Portionen: 6

Vorbereitungsdauer: 10 minuten

Kochdauer: 120 minuten

Schwierigkeitsgrad: 1

Kosten: $$

Kalorien: 19
Kohlenhydrate: 4g
Ballaststoffe: 1g
Net Kohlenhydrate: 3g
Fett: 0g
Eiweis: 1g

Kalorien aus:
Kohlenhydrate: 75%
Fettenn: 0%
Eiweis: 25%

Zutaten:

- 950g sortierte Rinderknochen
- 1 Zwiebel, geviertelt
- 4 Knoblauchzehen
- 1 große Karotte, halbiert
- 2 Stangen Sellerie, halbiert
- 1 Lorbeerblatt
- 2 Zweige Rosmarin
- 2 Zweige Thymian
- 1 Esslöffel Apfelessig
- 1 große Prise Salz
- 4 schwarze Pfefferkörner
- Frisches Wasser

Zubereitung:

1. Geben Sie alle Zutaten in einen Schnellkochtopf und bedecken Sie sie mit genügend Wasser, um die Knochen und das Gemüse zu bedecken.
2. Setzen Sie den Deckel auf den Schnellkochtopf und stellen Sie sicher, dass das Ventil geschlossen ist.
3. Wählen Sie manuell und stellen Sie ihn auf 120 Minuten ein.
4. Sobald der Timer abgelaufen ist, lassen Sie den Druck natürlich entweichen. Lassen Sie die Brühe ziehen und abkühlen.
5. Die Brühe in Glasgefäße abseihen und einfrieren oder kühlen.

VEGETARIER

GEMÜSEBRÜHE AUS DEM SCHNELLKOCHTOPF (V)(N)

Portionen: 8
Vorbereitungsdauer: 10 minuten
Kochdauer: 120 minuten
Schwierigkeitsgrad: 1
Kosten: $$

Kalorien: 27
Kohlenhydrate: 6g
Ballaststoffe: 2g
Net Kohlenhydrate: 4g
Fett: 0g
Eiweis: 1g

Kalorien aus:
Kohlenhydrate: 80%
Fettenn: 0%
Eiweis: 20%

Zutaten:

- 180g gemischtes Tiefkühlgemüse
- 1 Zwiebel, geviertelt
- 2 Stangen Sellerie, gehackt
- 2 Karotten, gehackt
- 3 Knoblauchzehen, gehackt
- 1 Lorbeerblatt
- 2 Zweige Rosmarin
- 2 Zweige Thymian
- 1 große Prise Salz
- 4 schwarze Pfefferkörner
- 400ml Wasser

Zubereitung:

1. Geben Sie alle Zutaten in einen Schnellkochtopf und bedecken Sie sie mit genügend Wasser, um die Knochen und das Gemüse zu bedecken.
2. Setzen Sie den Deckel auf den Schnellkochtopf und stellen Sie sicher, dass das Ventil geschlossen ist.
3. Wählen Sie manuell und stellen Sie ihn auf 120 Minuten ein.
4. Sobald der Timer abgelaufen ist, lassen Sie den Druck natürlich entweichen. Lassen Sie die Brühe ziehen und abkühlen.
5. Die Brühe in Glasgefäße abseihen und einfrieren oder kühlen.

SERVIERVORSCHLÄGE

DIES IST EINE AUSGEZEICHNETE GRUNDLAGE FÜR JEDE SUPPE IN DIESEM BUCH, DIE RINDERBRÜHE VERWENDET. SIE KÖNNEN SIE ANSTELLE VON HÜHNERBRÜHE ODER RINDERBRÜHE VERWENDEN, WENN SIE EINE BRÜHE AUF GEMÜSEBASIS BEVORZUGEN.

Suppenbrote

ROSMARIN & THYMIAN-FLADENBROT (V)(H)

VEGETARIER

Portionen: 3
Vorbereitungsdauer: 15 minuten
Kochdauer: 20 minuten
Schwierigkeitsgrad: 1
Kosten: $

Kalorien: 300
Kohlenhydrate: 10g
Ballaststoffe: 5g
Net Kohlenhydrate: 5g
Fett: 23g
Eiweis: 16g

Kalorien aus:
Kohlenhydrate: 7%
Fettenn: 72%
Eiweis: 21%

Zutaten:

- 48g Mandelmehl
- 8 große Eiweiß
- 1 ½ Teelöffel glutenfreies Backpulver
- 2 Teelöffel frischer Thymian, gehackt
- ¼ Teelöffel gemahlene Kurkuma
- 3 Esslöffels frischer Rosmarin, gehackt
- 2 Esslöffels Olivenöl
- ¼ Teelöffel Salz

Zubereitung:

1. In einem Mixer oder einer Küchenmaschine alle Zutaten außer dem Olivenöl gut vermischen.
2. In einer großen Pfanne etwa ein Drittel des Olivenöls bei mittlerer Hitze erhitzen.
3. Ein Drittel der Masse in die Pfanne geben und ca. 3 Minuten garen lassen, bis Blasen auftauchen. Vorsichtig umdrehen und weitere 3 Minuten garen.
4. Das Fladenbrot aus der Pfanne nehmen und mit dem restlichen Teig wiederholen.

ABENDESSEN-BRÖTCHEN (V)(M)

VEGETARIER

Portionen: 10
Vorbereitungsdauer: 10 minuten
Kochdauer: 20 minuten
Schwierigkeitsgrad: 1
Kosten: $$

Kalorien: 194
Kohlenhydrate: 8g
Ballaststoffe: 3g
Net Kohlenhydrate: 5g
Fett: 17g
Eiweis: 6g

Kalorien aus:
Kohlenhydrate: 10%
Fettenn: 78%
Eiweis: 12%

Zutaten:

- 6 Eier, getrennt
- 75g Kokosmehl
- 20g Psylliumschale (ganze Schale einschließlich Samen)
- 1 Esslöffel Knoblauchpulver
- ½ Teelöffel Salz
- 1 Teelöffel Apfelessig
- 6 Esslöffel Butter
- 1 ½ Teelöffel Backpulver

Zubereitung:

1. Den Ofen auf 180°C vorheizen und ein Backblech mit Backpapier auslegen.
2. Die Butter cremig rühren und die Eigelbe nach und nach hinzufügen, dabei das Eiweiß in eine separate Schüssel geben.
3. Die restlichen Zutaten in die Butter-Ei-Mischung geben und vermengen. Beiseite legen.
4. Das Eiweiß mit einem Standmixer oder einem Handmixer aufschlagen, bis sich steife Spitzen bilden. Die Buttermischung unter das Eiweiß heben. Gut vermischen.
5. In 10 Brötchen formen und 20 Minuten backen. Warm servieren.

KÄSE-BROTSTICKS (V)(M)

VEGETARIER

Portionen:
13 (1 Breadstick jeweils)
Vorbereitungsdauer:
10 minuten
Kochdauer: 20 minuten
Schwierigkeitsgrad: 1
Kosten: $$

Kalorien: 47
Kohlenhydrate: 2g
Ballaststoffe: 1g
Net Kohlenhydrate: 1g
Fett: 3g
Eiweis: 16g

Kalorien aus:
Kohlenhydrate: 4%
Fettenn: 28%
Eiweis: 67%

Zutaten:

- 240g geriebener Mozzarella
- 2 Esslöffels Kokosmehl
- 2 Eier
- 1 Prise Salz

Topping:

- 113g geriebener Parmesan
- 1 Esslöffel italienische Gewürze
- ½ Teelöffel Knoblauchpulver

Zubereitung:

1. Den Ofen auf 180°C vorheizen und ein Backblech mit Backpapier auslegen.
2. Mozzarella, Kokosmehl, Eier und Salz in eine Küchenmaschine geben und glatt rühren.
3. Die Mischung auf das ausgekleidete Backblech geben und auf etwa 2,5cm Dicke flach drücken, dabei ein Quadrat formen.
4. Für 15 Minuten backen.
5. Aus dem Ofen nehmen und mit Parmesankäse, italienischen Gewürzen und Knoblauchpulver bestreuen.
6. Für weitere 5 Minuten oder bis der Parmesankäse geschmolzen ist backen.
7. Aus dem Ofen nehmen und die Brotstangen 10 bis 15 Minuten abkühlen lassen, bevor sie in Stäbchen geschnitten werden.

WOLKENBROT (V)(H)

VEGETARIER

Portionen: 3

Vorbereitungsdauer: 15 minuten

Kochdauer: 20 minuten

Schwierigkeitsgrad: 1

Kosten: $

Kalorien: 50
Kohlenhydrate: 0g
Ballaststoffe: 0g
Net Kohlenhydrate: 0g
Fett: 5g
Eiweis: 2g

Kalorien aus:
Kohlenhydrate: 0%
Fettenn: 85%
Eiweis: 15%

Zutaten:

- 3 Eier, getrennt
- 3 Esslöffel Butter
- ¼ Teelöffel Apfelessig
- 1 Tropfen Steviaextrakt
- ½ Teelöffel Backpulver
- 1 Prise Salz

Zubereitung:

1. Den Ofen auf 150°C vorheizen und ein Backblech mit Backpapier auslegen.
2. Die Eigelbe in eine Schüssel und die Eiweiße in eine andere geben. In der Schüssel mit den Eigelben die Eier verquirlen und die restlichen Zutaten hinzufügen.
3. Das Eiweiß mit einem Standmixer oder Handrührgerät aufschlagen, bis sich steife Spitzen bilden. Die Eigelbmasse unter das Eiweiß heben und sanft vermengen.
4. 10 Kringel formen und auf das Backblech legen.
5. Ca. 30 Minuten oder bis sie goldbraun sind backen.
6. Warm servieren und die Reste abgedeckt im Kühlschrank aufbewahren.

Suppengewürze & Toppings

VEGETARIER

MULTI-KRÄUTERMISCHUNG (V)(N)

Portionen: 6
Vorbereitungsdauer: 10 minuten
Kochdauer: Keine
Schwierigkeitsgrad: 1
Kosten: $

Kalorien: 10
Kohlenhydrate: 2g
Ballaststoffe: 1g
Net Kohlenhydrate: 1g
Fett: 0g
Eiweis: 0g

Kalorien aus:
Kohlenhydrate: 100%
Fettenn: 0%
Eiweis: 0%

Zutaten:

- 1 Esslöffel Oregano
- 1 Esslöffel Thymian
- 1 Teelöffel getrockneter Rosmarin
- 2 Teelöffel Knoblauchpulver
- 1 Teelöffel Zwiebelpulver
- 1 Teelöffel gemahlener schwarzer Pfeffer
- ½ Teelöffel Meersalz

Zubereitung:

1. Alle Gewürze in eine Schüssel geben und gut vermischen.
2. In ein Glas füllen und in der Speisekammer aufbewahren.
3. Achten Sie darauf, dass Sie Ihre Gewürzmischung beschriften.

VEGETARIER

MUSKATNUSS & GEWÜRZNELKEN-GEWÜRZMISCHUNG (V)(N)

Portionen: 6

Vorbereitungsdauer: 10 minuten

Kochdauer: Keine

Schwierigkeitsgrad: 1

Kosten: $

Kalorien: 6

Kohlenhydrate: 1g

Ballaststoffe: 1g

Net Kohlenhydrate: 0g

Fett: 0g

Eiweis: 0g

Kalorien aus:

Kohlenhydrate: 100%

Fettenn: 0%

Eiweis: 0%

Zutaten:

- 1 Esslöffel gemahlener Zimt
- 1 Teelöffel schwarzer Pfeffer
- 1 Teelöffel gemahlene Nelken
- ½ Teelöffel Meersalz

Zubereitung:

1. Alle Gewürze in eine Schüssel geben und gut vermischen.
2. In ein Glas füllen und in der Speisekammer aufbewahren.
3. Achten Sie darauf, dass Sie Ihre Gewürzmischung beschriften.

VEGETARIER

ZITRONEN-PFEFFER-GEWÜRZMISCHUNG (V)(N)

Portionen: 6
Vorbereitungsdauer: 10 minuten
Kochdauer: Keine
Schwierigkeitsgrad: 1
Kosten: $

Kalorien: 8
Kohlenhydrate: 2g
Ballaststoffe: 1g
Net Kohlenhydrate: 1g
Fett: 0g
Eiweis: 0g

Kalorien aus:
Kohlenhydrate: 100%
Fettenn: 0%
Eiweis: 0%

Zutaten:

- 1 Esslöffel Zitronenschale
- 2 Esslöffels gemahlener schwarzer Pfeffer
- 1 Teelöffel Knoblauchpulver
- ½ Teelöffel Meersalz

Zubereitung:

1. Alle Gewürze in eine Schüssel geben und gut vermischen.
2. In ein Glas füllen und in der Speisekammer aufbewahren.
3. Achten Sie darauf, dass Sie Ihre Gewürzmischung beschriften.

VEGETARIER

Portionen: 6

Vorbereitungsdauer: 10 minuten

Kochdauer: Keine

Schwierigkeitsgrad: 1

Kosten: $

Kalorien: 11

Kohlenhydrate: 2g

Ballaststoffe: 1g

Net Kohlenhydrate: 1g

Fett: 0g

Eiweis: 0g

Kalorien aus:
Kohlenhydrate: 100%
Fettenn: 0%
Eiweis: 0%

WÜRZIGE CAJUN-GEWÜRZMISCHUNG (V)(N)

Zutaten:

- 1 Teelöffel Paprika
- 1 Teelöffel Cayennepfeffer
- 1 Teelöffel Chilipulver
- 1 Teelöffel getrockneter Thymian
- 1 Teelöffel getrockneter Oregano
- 2 Teelöffel Knoblauchpulver
- 2 Teelöffel Zwiebelpulver
- 1 Teelöffel gemahlener schwarzer Pfeffer
- ½ Teelöffel Meersalz

Zubereitung:

1. Alle Gewürze in eine Schüssel geben und gut vermischen.
2. In ein Glas füllen und in der Speisekammer aufbewahren.
3. Achten Sie darauf, dass Sie Ihre Gewürzmischung beschriften.

Für Berechtigungen kontaktieren Sie uns bitte:

elizabeth@ketojane.com

www.ingramcontent.com/pod-product-compliance
Ingram Content Group UK Ltd.
Pitfield, Milton Keynes, MK11 3LW, UK
UKHW051206260726
13967UKWH00011B/3140